낯선 바람을 따라 떠나다

낯선바람을 따라 떠나다

신혜은 찍고 씀

교보문고

Prologue   마침표가 끝은 아니다

59개 국가,
121개 도시,
2,346일,
8,257시간.

에미레이트 항공 스튜어디스로 하늘에서 보냈던 6년 6개월의 기록입니다.

사막의 후덥지근한 모래바람과 따가운 햇볕에 이맛살을 찌푸리며 두바이에 첫발을 내디뎠던 2006년 2월 1일은 새로운 사람들과 낯선 곳으로 떠나는 날들의 시작이었습니다.

대학을 졸업할 무렵, 주어진 공식대로 살기엔 청춘이 아까웠고 아직 제대로 세상 구경을 하지 못했다는 것이 억울하기도 했습니다. 지구 반대편 사람들은 어떻게 사는지, 광활한 모래사막과 기이한 암석, 하늘을 수놓은 빛의 커튼 오로라, 만년설과 빙하, 역사를 목격한 건축물과 조형물, 야생이 살아 숨 쉬는 아프리카… 생각만으로도 가슴 뛰는 곳을 직접 확인하고 싶었습니다. 그러기 위해 스튜어디스가 되었습니다. 비행은 세계 어느 곳으로든 떠나는 일이니까요.

비행을 통해 만난 세상은 생각했던 것보다 훨씬 넓었고, 걸어야 할 길과 만나야 할 사람들은 늘 존재했습니다. 그렇게 하늘 위와 길 위를 헤매다 보니 어느새 7년 차 스튜어디스가 되어 있었습니다. 비행은 남은 인생에서 두고두고 추억할 많은 것을 남겨주었습니다. 어렵고 낯설었던 일도, 슬프고 화났던 일도 지금은 웃으며 이야기할 만큼 여유도 생긴 듯합니다. 떠나지 않았다면 알 수 없었을 일이었겠죠.

그리고 길었던 여정에 마침표를 찍을 순간이 왔습니다. 마지막 비행이라는 감상에 젖을 여유도 없는 바쁜 하루였습니다. 착륙을 앞두고 점프시트에 앉으니 작은 창밖의 풍경이 시야에 들어왔습니다. 고층 빌딩이 즐비한 시내 중심가를 제외한 사막의 모래가 물결치듯 무늬를 만들어내고 있었습니다. 처음 마주했던 두바이의 뜨거운 바람이 스치는 듯했습니다.

앞으로 다시는 앉을 일 없을 이 자리, 지난 몇 년간 삶의 터전이었던 이곳과 안녕을 고할 차례였습니다. 어느새 떠나는 것이 익숙해져 버린 지금의 일상으로부터 다시 떠나야 할 마지막 비행이라는 것이 실감 나지 않았습니다. 다만 매일 뜨고 내렸던 비행기가, 공항을 오가는 사람들의 모습이, 하늘 위의 구름이, 동료들의 웃는 얼굴이, 나를 둘러싼 그 모든 것이 무척 그리울 것이란 예감이 들었습니다.

비록 익숙한 것으로부터 떠나 다른 세상에서 살고 싶다는 일

탈에서 시작한 일이었지만, 청춘의 한가운데를 지나며 비행할 수 있었던 것은 축복이었습니다. 그 시간동안 세계 곳곳을 밟고, 그곳의 사람들을 만나고, 그들이 먹는 음식을 맛 볼 수 있었습니다. 이 모든 것이 제가 원했던 것보다 더 많이 주어졌다는 사실에 감사할 따름입니다.

마지막 비행을 앞두고 교보문고 북뉴스에서 신혜은의 'Fly in the heaven'이라는 칼럼을 연재하게 되었습니다. 내 이야기를 들려줄 통로가 있다는 것은 큰 행운이었습니다. 그렇게라도 시작하지 않았다면 아마 끝내 나오지 못하고 사라질 것들이었으니까요.

이 책은 칼럼의 제목처럼 마치 천국을 날듯 매일 낯선 곳으로 떠나고 여행한 기록을 정리한 것입니다. 부끄럽기도 한 나의 이야기가 누군가에게 늘 꿈꾸던 곳으로 떠날 수 있는 용기를 건네고, 일상의 작은 탈출구가 필요한 모두에게 잠시나마 욕망을 채워줄 계기가 되었으면 합니다. 더불어 승무원을 꿈꾸는 당신의 마음에 바람을 살랑이게 하고 새로운 꿈을 하나 더 얹어주었으면 좋겠습니다.

그리고 어느 날엔 당신의 발걸음도 마음이 이끄는 대로 옮길 수 있기를, 당신의 이야기를 들을 수 있기를…

차례

Prologue... 마침표가 끝은 아니다

1장...
나는 늘 새로운 바람이 그립다

1. 익숙해진다는 것 <u>아랍에미리트, 두바이</u> +15
2. 무스 쇼콜라보다 더 달콤한 순간 <u>프랑스, 에즈</u> +21
3. 일상의 짐을 내려놓는 것만으로 충분하다 <u>프랑스, 앙티브</u> +28
4. 사진 한 장으로 시작되는 여행 <u>이탈리아, 라벨로</u> +35
5. 혼자여도 좋아! <u>몰디브, 말레</u> +46
6. 필요한 건 물 한 모금 <u>몰디브, 말레</u> +53
7. 불행히도가 아니라 다행히도 <u>미국, 뉴욕</u> +62
8. 괜찮아, 이곳에선 누구나 위로를 받아 <u>싱가포르</u> +69
9. 누구에게도 알려주고 싶지 않은 곳 <u>몰타, 발레타</u> +78
10. 우린 같은 이야기를 하고 있다 <u>튀니지, 튀니스</u> +87

2장...
나를 스쳐간 바람은 그래도 꿈꾸라고 말했다

1. 내 마음속 영원한 이파네마 소녀 <u>브라질, 리우데자네이루</u> 99
2. 파벨라, 꽃처럼 피어나길 <u>브라질, 리우데자네이루</u> 105
3. 삶의 맛 <u>인도, 캘커타</u> 111
4. 과거에 얽매이지 않고 살아가는 지혜 <u>남아프리카공화국, 케이프타운</u> 120
5. 부디 서로를 지켜주기를 <u>스리랑카, 콜롬보</u> 126
6. 뽈레뽈레, 조금만 더 천천히 <u>케냐, 나이로비</u> 137
7. 행복한 인생, 달콤한 인생 <u>코트디부아르, 아비장</u> 147
8. 책임에 응답하는 방법 <u>마다가스카르, 안타나나리보</u> 155
9. 검은 대륙에도 내일의 희망은 핀다 <u>우간다, 엔테베</u> 163
10. 나는 여전히 헤매는 중이다 <u>요르단, 암만</u> 170

3장...
삶은 하루하루가 축제다

1. 인생은 연극, 가면을 써라 <u>이탈리아, 베니스</u> +179
2. 겨울은 그렇게 지나간다 <u>프랑스, 니스</u> +186
3. 전쟁과 축제의 아이러니 <u>스코틀랜드, 글래스고</u> +192
4. 당신이라는 커다란 도서관 <u>호주, 시드니</u> +202
5. 화려함 속에 감춰진 것들 <u>미국, 뉴욕</u> +208
6. 삶이라는 즐거운 축제를 즐기길 <u>사우디아라비아, 제다</u> +213

4장...
하늘을 날다, 인생을 배우다

1. 난 처음부터 다시 배워야했다 <u>첫 비행</u> +227
2. 하늘 위의 만찬 <u>기내식</u> +232
3. 하늘에 우아하게 떠 있기 위해 <u>식차 적응</u> +239
4. 천사를 만난 적 있나요? <u>구름 위의 인연</u> +246
5. 당신의 클래스는 무엇입니까? <u>비행 일지</u> +252
6. 만약에, 오늘, 여기서 <u>비행기 안에서</u> +259
7. 혼자 사는 즐거움 <u>두바이 라이프</u> +266
8. 인생은 기술이 아니라 이해다 <u>숨마수업</u> +272
9. 그러니까 하쿠나 마타타! <u>동료들</u> +276
10. 당신의 꿈은 무엇입니까? <u>삶을 맞이하는 우리의 자세</u> +281

#1 익숙해진다는 것

＊아랍에미리트, 두바이

내가 근무한 에미레이트 항공사는 UAE(아랍에미리트연합 United Arab Emirates)의 국영기업으로 두바이에 본사가 있다. 따라서 모든 승무원이 두바이를 거점으로 생활한다. 나와 같은 외국인 승무원들은 회사에서 제공한 숙소에서 지내며 스케줄에 따라 비행에 나선다.

비행이 없는 날에는 친구들과 함께 가까운 주메이라Jumeirah나 맘자르Mamzar 해변으로 향한다. 샌프란시스코 비행에 갔다가 운 좋게 세일 기간에 산 데이지 꽃무늬 비키니를 입고, 하늘거리는 비치 원피스를 걸친다. 여기에 브라질 상파울루에서 산 플립플롭Fip-flop 하바이아나스Havaianas를 신으면 준비는 끝이다.

사실 내 취향은 바다보다는 산이었다. 우리 가족은 등산을 좋아하는 아빠를 따라 어렸을 때부터 자주 산에 올랐다. 여름에도 바다 대신 차가운 계곡에서 놀았다. 수영을 좋아하긴 했지만 실수로 물을 들이켜기라도 하면 코에서 목, 귀까지 얼얼해지는

바닷물과 해변의 모래는 별로였다.

  하지만 사람은 환경의 동물이라 했던가. 해변 근처에 살며 자주 드나들고, 푸른 하늘과 에메랄드 빛 바다가 있는 휴양지로 비행을 다니다 보니 어느새 산보다 바다가 더 좋아졌다. 두바이에는 등산할 만한 산이 없는 것도 취향의 변화에 한몫했다.

  집 앞에 해변이 있으면 좋은 점이 한둘이 아니다. 우선 특별할 것 없이 수영복에 슬리퍼면 모든 준비는 끝난다. 여기에 책 한

권과 음악, 챙이 넓은 모자까지 있으면 더 바랄 것이 없다. 아침을 먹다가 구름 한 점 없이 깨끗한 하늘과 유난히 높이 뜬 태양을 보고는 야자수 잎으로 엮은 비치백에 타월을 하나 챙겨서 해변으로 나서기도 했다. 서울에 살 때는 미처 몰랐던 행복이다.

긴 비행 후 오랜만에 3일의 쉬는 날이 주어졌다. 그중 하루는 윗동네에 사는 친구와 해변으로 향했다. 사람이 없어 더없이 조용한 맘자르 해변에 파라솔을 빌려 자리를 잡았다. 앙증맞은 휴대용 스피커에서는 카랑카랑한 바우터 하멜Wouter Hamel의 목소리가 파도소리와 함께 흘러나왔다. 오일을 바른 몸이 캐러멜처럼 적당히 태닝 되도록 몸을 뒤집어가며 책의 페이지를 넘겼다. 뜨끈하게 달아오른 그러나 결코 불쾌하지 않은 바람이 스치듯 얼굴을 쓸어내렸다. 때마침 돌아누운 내 머리 위로 커다란 비행기가 배를 보이며 하늘로 올라가고 있었다.

순간 나와 친구는 눈을 마주쳤다. 뜨뜻미지근한 샴페인을 마실 때, 반쯤 녹아버린 아이스크림을 손에 쥘 때, 새로 산 스타킹을 신다가 구멍이 났을 때, 마지막 남은 세일 상품이 방금 누군가의 손으로 넘어갔을 때. 이보다 더 김빠지는 일이 있을까 싶은 기분을 느낀 것이다. 그것도 동시에….

아마도 해변에 있던 다른 사람들은 비행기를 보면서 먼 곳으로 떠나고 싶은 욕망이나, 비행기에서 내려다보는 로맨틱하면서도 아득한 구름, 또는 파리의 노천카페에 앉아 진한 에스프레소

7성급 호텔 버즈알아랍이 보이는 주메이라 해변

를 마시는 모습을 상상했을 것이다.

 불행히도 우리는 그렇지 못했다. 비행을 하면서 우리는 〈600만 달러의 사나이〉처럼 비행기 안을 투시할 수 있는 능력(혹은 저주일지도)을 갖게 되었다. 고개를 치켜들고 기운 좋게 하늘로 돌진하는 비행기를 보면 마치 주말에 회사에서 걸려온 전화를 받는 것 마냥 씁쓸한 기분이 들었다. 지금쯤 안전벨트 사인이 꺼지고 승무원들은 실내용 구두와 앞치마로 갈아입고 서비스 준비를 하면서 여기저기서 울려대는 콜벨(승객들이 누르는 서비스 요청 벨)을 정신없이 응대하고 있을 것이다. 보이지 않아도 보인다. 나

는 비행기가 아닌 해변에서 유니폼이 아닌 비키니를 입고 있다는 것에 새삼 안도와 감사를 느꼈다.

이제 비행기는 낭만적이기만 한 곳이 아니다. 적어도 내게는 하루를 치열하게 보내야 하는 일터이자 때로는 전쟁터이기도 하다. 언젠가 라디오를 듣던 중 디제이가 말했다. 어디론가 훌쩍 떠나고 싶을 때는 혼자 공항에 다녀온다고.

공항의 분위기는 저마다 다르지만 세계 어느 공항이든 공통점이 있다. 몇 번을 가도 익숙해지지 않는 낯선 냄새가 배어 있는 공항의 공기다. 만남과 헤어짐, 설렘과 두려움, 희망과 절망이 복잡하게 교차하면서 공항은 자신만의 고유한 공기를 뿜어낸다.

그것은 사람들의 눈빛에, 흘러내리는 눈물에, 미처 하지 못한 말 속에, 차마 떼지 못하는 발걸음에, 진한 포옹과 키스에, 떨리는 손에 들린 꽃송이에 매달려 있다. 사람들이 품고 있는 감정들이 안팎으로 새어나오면서 공항의 분위기는 더욱 풍부해진다.

문득 공항에서 일하는 사람들도 이 모든 감정이 퇴색된 것처럼 보이지는 않을까 하는 생각이 들었다. 내가 비행기를 보면서 여행의 설렘보다 업무를 떠올리고 낯설기만 했던 두바이에서의 생활이 때로는 지루할 정도로 편안해졌듯이…. 일상은 우리에게 익숙해지는 것들에 편리함이라는 선물을 주는 대신, 낯선 것들에 대한 설렘을 빼앗아 가는 게 아닐까?

내게 비행에 익숙해진다는 것은 하늘을 나는 설렘을 잃는 일이기도 했다. 처음 제복을 입었을 때의 설렘, 처음 내게 환한 미소를 건넨 승객의 모습, 처음 창밖으로 동이 트는 모습을 확인했을 때의 감동, 그리고 첫 비행을 무사히 마쳤다는 안도감까지…. 하늘을 나는 사이 나는 많은 것을 느끼고, 배우고, 깨달았다. 설렘이 익숙함으로 변하기까지 많은 곳을 다녔고, 많은 일이 있었고, 많은 것을 생각하게 되었다. 익숙해진다는 것은 행복해지는 것이기도 했다. 그렇게 나는 하늘을, 아니 천국을 날았다.

비행을 하면서 가장 많이 간 곳은 프랑스의 지중해 도시, 니스Nice였다. 이곳의 그림 같은 휴양지이자, '목걸이'라는 뜻의 리비에라Riviera 해안은 내가 사랑하는 곳이다.

    프랑스어로 '코트다쥐르Cote d'Azur'라고도 불리는 이곳 해안선을 따라 난 크고 작은 마을은 지중해의 햇살을 품어서인지 유난히 빛난다. 작은 마을이지만 로마 시대부터 내려온 유구한 역사, 반나체의 사람들이 자유롭게 누워있는 해변, 차양을 길게 늘어뜨린 카페와 레스토랑, 피카소와 샤갈 등 지중해를 사랑했던 화가들의 미술관, 늘 활기찬 광장과 재래시장 등 관광객이 사랑에 빠질 수밖에 없는 거의 모든 조건을 갖췄다. 한두 걸음 걸을 때마다 마치 영화 속에 들어온 마냥 설렌다. 나는 호텔 로비에서 발견한 코트다쥐르 마을의 안내책자를 펼쳐 들고 미션을 수행하듯 찾아다녔다.

가장 먼저 간 곳은 에즈 빌리지Eze Village였다. 친구가 건넨 무라카미 류의 《달콤한 악마가 내 안으로 들어왔다》를 읽다가 알게 된 곳이다. 코트다쥐르의 해변을 배경으로 벌어진 짧지만 강렬한 로맨스는 5년 뒤 다시 만난 연인이 에즈의 호텔에서 함께 무스 쇼콜라를 먹는 이야기로 이어진다. 달콤하지도 쓰지도 않은, 오묘한 무스 쇼콜라의 마법에 빠진 한 쌍의 남녀. 에즈에서 바라본 지중해와 그들의 마지막…. 니스 비행을 갔던 어느 날, 나는 무작정 그곳을 찾았다.

에즈는 니스에서 버스로 30분 정도 떨어진 바위산 꼭대기에 자리한 중세 마을이다. 나는 에즈로 가는 길목에서 이미 마음을 빼앗겼다. 높은 언덕을 오르는 버스 창밖으로 내려다보는 코트다쥐르의 해변은 그림보다 황홀했다. 고백하건대 그 길이 너무 좋아 몇 번이나 더 에즈를 방문했을 정도다.

그중 한 번은 엄마와 함께였다. 에즈는 가파른 절벽 위에 성곽으로 둘러싸여 있는데 성 밖에서 상상하는 것보다 훨씬 아름다운 마을이다. 엄마는 마을 입구에서부터 이미 감동한 모양이었다. 돌로 쌓아올린 성의 아치형 입구에서부터 포즈를 취했다. 어서 사진을 찍으라는 주문이었다. 에즈의 성벽을 배경으로 한 장 멋지게 찍으려는데 엄마 뒤에 서 있는 여인이 눈에 들어왔다. 산꼭대기 절벽에 있는 에즈를 찾은 관광객들과는 거리가 먼 롱 드레스 차림이었다. 그러자 우리 옆에 있던 사진작가와 모델인 듯

나는 늘 새로운 바람이 그립다

높은 언덕을 오르는 버스 창밖으로 내려다보는
코트다쥐르의 해변은 그림보다 황홀했다.

한 여인들도 눈에 들어왔다. 나는 얼른 사진을 찍고 자리를 비켜줬다.

좁게 이어진 돌계단을 오르자 골목에 가려져 있던 시야가 일순간 탁 트이면서 푸른 지중해가 보이는 꼭대기에 올라와 있었다. 눈이 시릴 만큼 따가운 햇볕은 지중해를 더욱 지중해답게 만들어주었다.

에즈의 정상에는 고대 로마 유적의 흔적과 열대식물로 가득 찬 정원이 있다. 지중해를 배경으로 한 정원은 세상 어느 그림보다 아름답다. 엄마와 나는 강아지처럼 폴짝거리며 햇살을 끌어안은 바다를 그윽이 바라보기도 하고, 바다를 배경으로 사진을 찍기도 했다. 모든 것이 완벽한 순간이었다. 커다란 흰 천을 머리에 뒤집어쓴 한 여인이 줄곧 내 신경을 자극한 것만 빼면.

검은색도 아닌 짧은 옷을 입고 있으니 분명 무슬림 여인은 아니었다. 아마도 지중해의 강렬한 태양에 살갗이 탈까 걱정된 모양이었다. 이 뙤약볕 아래 한껏 일광욕을 즐기는 사람도 있는데, 살이 탈까 봐 걱정하면서 지중해에는 왜 온 건지, 나는 마뜩잖은 눈으로 그녀를 보았다.

마침 그녀가 머리에 두른 천을 내려놓고 커다란 카메라 앞에서 포즈를 취하기 시작했다. 한국의 유명 여배우인 그녀를 먼저 알아본 사람은 엄마였다. 아마 화보를 촬영하러 온 듯했다.

시간이 흘러 에즈에서의 추억도 잊힐 무렵, 휴가차 온 한국에

서 그녀를 다시 볼 수 있었다. 무심코 튼 TV에서 그녀의 지중해 여행기가 방송되고 있었다. 유난스럽게 얼굴과 피부를 가리던 그때와 달리 그녀는 예쁜 얼굴과 몸매를 태양 아래 한껏 드러내며 지중해를 즐기고 있었다.

   그녀 뒤로 지중해의 석양이 긴 그림자를 그리며 뉘엿뉘엿 지고 있었다. 에즈에서 펼쳐지는 황홀한 지중해의 노을을 바라보는 그녀의 모습은 사랑스러웠고, 무라카미 류와 그의 연인을 떠오르게 했다. 어쩌면 그들의 하룻밤 로맨스는 무스 쇼콜라 때문이 아니라 에즈였기에 가능한 것이 아니었을까. 오렌지색으로 물드는 지중해를 바라보고 있노라면 누구와도 사랑에 빠지지 않을 수 없을 테니까.

에즈에는 분명 달콤한 악마가 살고 있었다. 보는 것만으로도 달콤한 기운에 빠지게 하는 이곳에는 생애 최고의 로맨틱한 순간이 기다리고 있다.

"뭔가가 내 속으로 들어온 것 같아. 마치 그 뭔가가 나를 당기는 것 같은 느낌이 들어. 자기가 점점 좋아지는 것 같애. 무드에 젖어서 그럴 거라고 나 자신을 달래보지만, 그것도 아닌 것 같아."

나도 같은 기분이었다. 너 지금 좀 이상한 것 아냐, 하고 나를 향해 말해보았지만, 묘하게 들뜬 기분 때문에, 그녀와 헤어진다는 것 자체가 두려워졌다. 코트다쥐르에는 달콤한 악마가 숨어 있다는 사실을 깨달았을 때는, 이미 늦었다.

• 《달콤한 악마가 내 안으로 들어왔다》 - 무라카미 류

*프랑스, 앙티브

 축제가 끝난 마을만큼 시시한 것이 있을까. 나에게 칸Cannes은 그런 곳이었다. 영화제가 끝난 뤼미에르 극장 앞은 한산했고, 소박해 보이는 마을과 달리 명품 숍이 즐비한 칸은 평범한 관광객에겐 그리 친절하지 않았다. 그래서일까? 불꽃놀이의 마지막 불이 사그라진 듯 밋밋한 칸의 모습보다는 앙티브Antibes가 내 마음속엔 깊이 남아 있다.
 사실 앙티브는 우연히 가게 된 곳이다. 한여름의 찌는 듯한 태양과 하늘 위로 곧게 뻗은 야자수가 니스의 풍경을 더욱 또렷하게 만들어주는 날이었다. 버스를 타고 칸이나 다녀올 요량으로 나왔다가, 우선 아침부터 먹자며 호텔 근처의 작고 허름한 레스토랑으로 들어섰다. 실패할 확률이 거의 없는 햄치즈샌드위치와 참치, 삶은 달걀, 토마토, 찐 감자, 그린빈에 싱싱한 채소를 곁들여 먹음직스러운 니수아즈Nicoise 샐러드 사이에서 고민하다 샌드위치를 주문했다. 니수아즈 샐러드에서 빠지지 않는 안초비

Anchovy(멸치류의 생선을 염장한 것으로 파스타나 피자 등과 요리해 먹는다)의 향이 부담스러웠다. 커다란 빵에 치즈와 햄이 성의 없게 끼어 있는 샌드위치를 입에 물고, 카페라테를 홀짝이며 지도를 펼쳐 들었다. 칸은 니스에서 멀지 않은 곳에 있었다. 호텔 직원이 일러준 대로 버스를 타면 30분 정도 걸리지 않을까, 혼자서 가늠했다.

"여행 왔나요? 어디를 가려고?"

니스에서 영국 발음이라니. 호기심이 발동해 고개를 들어보니 통통하지만 짧은 머리가 세련된 아주머니가 옆자리에 앉아 있었다. 혼자 여행하는 사람답게 바에 앉은 덕분이다. 예상치 못한 말동무란 이렇게 생기는 듯하다.

"네, 뭐, 그런 셈이죠. 칸에 가볼까 하는데 버스가 나을지 기차가 나을지 모르겠네요."

"글쎄, 버스는 생각보다 오래 걸릴 수도 있어요. 먼 거리는 아니지만 차가 잘 막히는 길이거든요."

'으음…. 기차가 낫겠는 걸….' 그녀의 말에 이미 기차로 마음을 정한 터였다.

"그보다 앙티브에 가는 게 어때요? 예쁜 마을이에요. 작고, 아담하고, 운치 있고."

"앙티브요?"

당시 내가 가지고 있던 오래된(2006년 출간) 유럽여행 가이드

북에는 앙티브에 관해 고작 서너 줄의 소개밖에 없었다. 그조차 시간이 되면 가보고 아님 말고, 하는 식이었다. 칸도 가보지 않고 앙티브에 가는 건 시간 낭비라는 무언의 메시지처럼 느껴졌다. 벌써 열댓 번이나 니스에 왔지만 칸에 갈 기회가 좀처럼 없던 터라 오늘은 기필코 칸을 밟고 오겠다며 벼르던 참이었다.

성벽 밖의 자연 수영장

"칸, 플리즈."

결국 칸으로 가는 기차표를 샀다. 불과 며칠 전 칸 국제영화제가 끝나긴 했지만 그냥 지나치기엔 아쉬움이 클 것 같았다. 칸으로 가는 여정은 초록이 넘실거리는 유럽의 여느 시골길에 지나지 않았다. 기차가 나무 수풀을 빠져나오자, 이내 창 옆으로 푸른 바다가 유유히 하늘에 선을 그리고 있었다.

조용하고 한적했으며, 해변에 어울리지 않게 목가적이기까지 한 풍경이었다. 한쪽에는 간이용 비치 의자를 들고 가는 노부부의 모습이 보였다. 기차가 플랫폼으로 들어서자 '앙티브'라는 푯말이 눈에 띄었다. 앗! 하는 생각과 동시에 가방을 들고 기차에서 내렸다.

이번에도 칸과의 만남은 실패로 끝났다. 이쯤 되니 어쩌면 여행은 내가 찾아가는 것이 아니라 그곳이 나를 선택하는 것일지도 모른다는 생각이 들었다. 여행은 내가 정한 길을 잠시 내려놓을 수 있다는 것만으로도 충분한 가치가 있는 것이다. 나는 그렇게 앙티브와 조우했다.

앙티브 역을 나서자 작은 안내 센터가 보였다. 그곳에서 지도 하나를 챙겨와 태양이 강렬하게 내리쬐는 앙티브를 걷기 시작했다. 프랑스의 시골 마을인 줄만 알았던 앙티브의 항구에는 호화 요트가 빼곡했다. 니스와 칸 사이의 작은 마을인 앙티브는 지나치기 쉬운 곳이지만, 전 세계 부호와 할리우드 스타들의 별장이 즐비해 파파라치 사진에 심심치 않게 등장하는 곳이기도 하다. 그럼에도 그들이 눈에 띄지 않았던 것은 오로지 바다 쪽에서만 그들의 호화로운 저택을 볼 수 있기 때문이란다.

앙티브의 역사는 기원전 4세기부터 시작됐다. 옛 그리스 식민지 시절의 유물부터 중세에 지어진 요새까지 깊이 있는 역사와 볼거리가 다양하다. 오래전 마을을 지키던 성벽이 바다를 둘러싸고 있어 자연스레 수영장도 만들어졌다. 잔잔한 파도 덕분에 해변은 수영을 하기에도 좋고 니스의 자갈 해변과는 다르게 부드러운 모랫바닥에 누워 책을 읽기에도 좋다.

해변에서 언덕을 오르는 길에는 피카소 미술관이 있다. 미술관 앞에 서면 해변을 마주할 수 있다. 이곳은 본래 그리말디 박물관Musee Grimaldi이었다. 어느 날 성城의 주인인 도르 수쉐르Dor de la Souchere는 피카소에게 그의 아틀리에를 만들자고 제안했다. 그림을 그릴 만한 조용한 장소가 필요했던 피카소는 제안을 받아들였고 성에 머물게 되었다. 이곳에서 작품 활동에 몰두한 피카소는 앙티브의 명예시민 호칭을 받았고, 감사의 표시로 작품을 기증했다. 이를 계기로 그리말디 박물관은 피카소 미술관이 되었다.

피카소 미술관에서 바라보는 앙티브의 경관은 그의 작품만큼이나 내 시선을 빼앗았다. 특히 그의 조형물이 설치된 야외 정원에서 바라보는 바다는 비현실적으로 느껴질 정도로 아름답다.

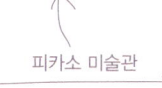
피카소 미술관

나는 인생에서 마주할 아름다움의 한 귀퉁이를 이곳에 내주어도 좋겠다고 생각했다. 어쩌면 피카소도 이 경치에 매료되어 이곳에 머물기로 했는지 모른다.

"평생 동안 무언가를 필사적으로 해야 할 때는 그리 여러 번 오는 게 아니야."

영화 〈거북이는 의외로 빨리 헤엄친다〉에서 주인공 스즈메의 말이다. 늘 필사적으로 해야 할 것을 챙겨야 하는 인생은 피곤함만 남길 뿐이다. 어차피 그런 것이 인생이라면 조금은 즐기면서 사는 것도 좋겠다. 떠나야 할 곳을 찾아 나서기보다 나를 부르는 곳으로 무작정 발걸음을 옮겨 보는 것도 그중 하나다. 화려하지는 않지만 자연만이 드러낼 수 있는 아름다움과 매력으로 조용히 나를 흔든 앙티브가 그랬던 것처럼…

\#4 사진 한 장으로 시작되는 여행

* 이탈리아, 라벨로

　가슴 설레는 사진 한 장으로 시작되는 여행도 있다. 어느 날 서점에서 눈에 띄는 책을 발견했다. 빛바랜 푸른 바탕에 이탈리아 청년들이 엉덩이골을 드러내며 해변에서 한바탕 놀고 있는 표지 사진에 저절로 손이 갔다. 아만다 태버러Amanda Tabberer의 《하늘빛 아말피를 걷다》는 이탈리아 중부 아말피 해안의 마을을 소개하는 책이다.

　이 책을 사야겠다고 생각한 건 레몬 빛깔의 아담한 아말피 해안에 반해 그곳 남자와 결혼하고, 이방인에서 주민이 된 저자의 독특한 이력 때문만은 아니었다. 이탈리아의 하늘과 바다와 햇살을 그대로 머금은 해변의 사진이 나를 부르고 있었다.

　마침 동생이 결혼한 뒤에는 동생과 함께하지 못했던 가족여행을 가볼 생각이었는데, 이 책을 보자마자 아말피 해변에 마음을 빼앗겼다. 해안 절벽 위에 그림처럼 늘어선 마을과 집들, 때 묻지 않은 천연의 해변, 환상적인 음식과 매혹적인 와인… 이보다 좋은 곳이 또 있을까? 로마를 거쳐 아말피 해안으로 행선지를 정했다.

휴가가 시작되는 날 나는 콜롬보 비행에서, 가족들은 서울에서 건너와 두바이 공항에서 만나 로마로 가기로 했다. 하지만 공항에는 부모님뿐이었다. 분명 비행 전 인천공항에 있던 동생과 곧 탑승한다는 메시지를 주고받은 터였다.

사연을 들어보니 ID 티켓(승무원들이 받는 항공사 직원 할인 티켓)이 문제였다. 아랍에미리트 비행은 늘 만석이라 ID 티켓으로 비행기를 타기가 쉽지 않았다. 그날도 좌석 상황이 좋은 편은 아니었다. 부모님과 동생까지 모두 세 명이 티켓을 받을 수 있을지 걱정했는데 다행히 마지막 남은 좌석을 받아 비행기에 올랐다. 그런데 30분이 지나도록 비행기는 뜨지 못했다. 모든 기능이 버튼으로 자동 조종되는 일등석 좌석이 말썽을 부린 것이다. 급히 엔지니어가 나섰지만 시간만 갈 뿐 좌석은 고쳐질 기미를 보이지 않았다.

빈자리 하나 없이 전 객실이 만석이니 좌석이 하나라도 고장 나면 비행기는 뜰 수 없다. 하는 수 없이 작동되지 않는 일등석 좌석을 비워두고 그 자리의 승객을 비즈니스로, 다시 비즈니스 승객 한 명을 일반석으로 옮겼다. 결국 일반석의 승객 한 명이 비행기에서 내려야 했다. 타깃은 ID 티켓을 받은 우리 가족이다. 차마 부모님을 내리게 할 수 없었던 동생이 희생양이 됐다.

나는 늘 새로운 바람이 그립다

해안 절벽 위에 그림처럼 늘어선 마을과 집들,
때 묻지 않은 천연의 해변, 환상적인 요식과 매혹적인 와인…
이보다 좋은 곳이 또 있을까?

성 안드레아 대성당

출발부터 순탄하지 않은 여행이었다. 게다가 앞으로 며칠 간 서울-두바이행 비행기는 모두 만석이었다. 두바이에서 이런 일이 벌어졌다면 어떻게든 방법을 찾았을 텐데 서울에서 벌어진 일은 나로서도 손쓸 방법이 없었다. 두바이에 온 엄마는 동생 없이는 여행할 기분이 안 난다고 하셨다. 그날 나는 ID가 아닌 일반 티켓으로 항공사와 티켓 가격에 상관없이 서울에서 로마로 오는 가장 빠른 비행기 티켓을 구매했다. 그렇게 해서 우리 네 식구는 로마에서 다시 상봉했다.

네 식구가 오랜만에 함께 하는 여행이라 자동차도 렌트했다. 로마에서 나폴리로 향하는 고속도로는 쭉 뻗어 있었다. 이탈리아 어만 알아듣는 건지 우리를 얕잡아보는 듯한 내비게이션만 잘 협조해 준다면 더할 나위 없이 순조로운 출발이었다. 하늘이 저물기 시작해 아말피 해안 프라이아노Praiano 마을에 예약해둔 호텔로 출발했다. A3 고속도로를 빠져나와 들어선 SS145 도로는 1차선이었다. 게다가 지도상 도로의 오른쪽은 바다가 있는 낭떠러지다. 이미 하늘과 바다, 도로가 구분되지 않을 정도로 어두워진 데다 워낙 도로의 굴곡이 심해 아빠는 최대한 속도를 낮춰 운전했다. 보이지 않는 곳에서 들려오는 파도 소리는 공포감을 조성했고 성미 급한 이탈리아 사람들은 계속해서 우리를 추월했다. 가까스로 호텔에 도착하니 긴장이 풀렸는지 우리 모두 곯아떨어졌다.

아침햇살이 방을 비추자 부지런한 아빠가 나를 깨웠다. 창밖으로 햇살 한 줄기가 구름을 뚫고 나와 아말피 해안을 비추는 것이 보였다. 지난 밤 우리가 달렸던 해안도로의 오른쪽에는 정말 깎아내린 듯한 절벽이 있는데, 안전 펜스가 지나치게 낮은 데다 금방이라도 떨어질 듯 허술했다. 덕분에 낮에 달리는 아말피 해안은 훨씬 더 스릴 있다. 그럼에도 산 위아래로 아기자기하게 자리한 집들과 눈부시게 빛나는 푸른 바다는 마치 동화 속에 들어온 듯 아름답다.

시오노 나나미의 《로마 멸망 이후의 지중해 세계》에는 한때 피사, 베네치아, 제노바와 함께 해상 공화국으로 명성이 자자했던 아말피 공화국 이야기가 등장한다. 해상 무역으로 번영을 누리던 이곳은 사라센(무슬림)의 위협을 받자 방어를 위해 해안가의 마을을 점차 높은 벼랑 끝으로 옮겼다. 골목은 좁아지고 구불구불한 미로처럼 둘러쳤다. 과거 치열한 삶의 흔적이 세계의 관광객을 끌어 모으는 문화유산이 되었으니, 역사는 아이러니 그 자체일지도 모르겠다.

라타리 산맥Monti Lattari 위에 있다는 라벨로Ravello로 향했다. 길은 험난했다. 산맥을 따라 계속되는 급커브에 길을 돌아 올라가려니, 대관령 고개는 차라리 쉬운 길이었다. 멈추지 않는 고갯길에 멀미가 날 즈음 어느새 산 중턱에 올랐는지 아래로 펼쳐진 전경이 눈을 시원하게 했다. 산등성이를 타고 불어오는 바람은 지금까지의 고생과 멀미를 씻겨줄 만큼 상쾌했다.

라벨로 마을은 뾰족하게 솟은 산꼭대기에 자리하고 있었다. 산세에 맞게 형성된 마을은 좁은 골목들이 미로처럼 연결되어 있었다. 다만 라벨로 대성당 앞은 예외였다. 마을 입구의 아치형 문을 통과하면 순식간에 너른 광장이 펼쳐지는데 그곳에 라벨로 대성당이 우뚝 서 있다. 한눈에 봐도 대성당 앞 광장이 마을 사람들의 사교 장소임을 알 수 있다. 아이들은 자전거를 타며 뛰어놀고, 어른들은 삼삼오오 모여서 이야기를 나누었으며, 광장을 둘러싼 레스토랑은 손님맞이에 분주했다. 그 사이에서 우리 같은 관광객 몇몇이 대성당 앞으로 보이는 라타리 산맥 줄기를 넋을 잃은 채 바라보고 있었다.

네모 반듯한 광장의 끝은 마을의 수많은 집을 이어주는 방사형 골목으로 연결되어 있어 어느 골목이든 길을 따라가면 라벨로의 아름다운 경치를 볼 수 있다. 특히 라벨로는 빌라 침브로네Villa Cimbrone나 빌라 에바Villa Eva, 라 론디나이아La Rondinaia와 같은 화려하고 아름다운 저택으로 유명해, 영화 촬영 장소로도 인기가 많다.

라벨로에는 과거 귀족의 저택과 빌라를 리뉴얼한 고급호텔이 많다. 하지만 마을 전체가 동화같이 아름다워 굳이 비싼 돈을 주지 않아도 어디서든 고급 호텔 부럽지 않은 가슴이 탁 뚫리는 시원한 장면을 볼 수 있다.

라벨로의 작은 음악회

아말피 해안마을은 흙을 구워 만드는 세라믹 산업이 발달한 곳답게 세라믹 장식품을 마을 곳곳에서 흔하게 볼 수 있다. 집집마다 도자기로 된 등불과 문패가 달려있기도 하고, 길을 알려주는 표시나 마을의 지도도 예쁜 도기 타일로 되어 있다. 도기 굽는 솜씨도 뛰어나지만 무늬를 만들어 색을 입히는 것도 이탈리아 사람답게 예술적이어서 다니는 곳마다 눈이 즐겁다.

그러나 라벨로가 다른 마을보다 더 특별한 이유는 로맨틱한 분위기를 더해주는 음악 축제 때문이다. 한때 바그너는 루폴로 저택에서 내려다보는 전망에 반해 이곳에 머물며 오페라 〈파르지팔Parsifal〉을 작곡했다고 한다. 이후 1950년부터 마을 사람들은 매년 여름이 되면 바그너 음악축제를 열었다. 이뿐 아니라 이 작

은 마을은 매해 유명한 오케스트라를 초청해 페스티벌을 벌이는데, 역대 지휘자 포스터에서 정명훈의 얼굴을 발견하고는 꽤 뿌듯해했다.

마침 우리가 간 날은 빌라 루폴로 저택에서 음악회가 있는 날이었다. 엄마와 동생은 라벨로에서 1km 거리에 있다는 스칼라의 천국의 계단을 가고 싶어 했지만, 나는 음악회를 보자며 두 사람을 꼬드겼다. 아만다 태버러가 '야외 음악회에서 바라보는 야경은 눈물을 흘릴 정도로 감동적인 경험이 될 것'이라며 나를 유혹했기 때문이다.

저녁 늦게야 시작되는 음악회를 기다리는 동안 우리는 라타리 산맥 너머로 붉은 꼬리를 길게 드리며 아말피 해안으로 지는 석양을 감상했다. 그러나 불행히도 음악회는 실내에서 열렸다. 연주곡을 배경으로 아말피 해안을 바라볼 거라 잔뜩 기대하고 있던 터였다. 해가 저물기 시작하자 쌀쌀해진 산 공기가 걱정돼 자동차에서 걸칠만한 옷가지까지 준비
했는데 실내에서 진행된다고 하니 아
쉬운 마음이 들었다.

　공연은 우리가 일반적으로 생각하
는 음악회와 다르게 매우 소박하게
진행됐다. 대신 공연장은 서로의 숨소
리와 미세한 떨림까지 느낄 만큼 친
밀한 공기로 가득했다. 옷을 잘 차려 입은 나이 지긋한 노부부
가 다정히 손을 잡고 앉아 듣는 연주회는 큰 공연장에서는 느낄
수 없는 따스함이 배어 있었다. 공연은 여러 차례의 앙코르가 이
어진 뒤에야 끝났다.

　늦은 밤, 산 밑으로 내려오는 길은 다시금 시작된 아슬아슬한
곡예길이였지만 우리가족은 콧노래를 흥얼거리며 잊지 못할 추
억 하나를 가슴속에 담았다.

#5 혼자여도 좋아

*몰디브, 말레

발 아래로 에메랄드 빛 바다가 보인다. 그보다 더 빛나는 푸른 섬들이 점점이 물 위에 떠 있다. 몰디브다. 오늘 몰디브 비행에는 신혼부부가 유난히 많이 보인다. 영국에서 왔다는 신혼부부는 이곳에서 보름을 지낼 거라 했다. 그 정도면 어느 날엔 돌아가고 싶다는 생각도 들까? 나도 저 물속에 풍덩 빠져있으면 좋으련만. 웽웽- 어서 꿈에서 깨라는 듯, 청소기가 내 마음은 아랑곳하지 않고 시끄럽게 돌아간다. 비행기는 어느새 올라온 청소부들로 분주했다. 그래도 이 시간이 유일하게 내가 쉴 수 있는 시간이다. 나는 얼음을 넣은 시원한 망고 주스 한 잔을 지상 직원에게 건넸다.

"요즘 몰디브 날씨는 어때요?"

"아직은 좋아요. 곧 있으면 우기라 비가 들이닥치긴 하겠지만."

"음…" 나는 김이 모락모락 나는 뜨거운 블랙티에 우유를 붓고 훌짝였다.

"그럼 몰디브엔 언제 오는 게 좋을까요?"

"오려고요? 글쎄요. 언제 와도 좋죠. 날씨가 좋을 때는 건기인 10월부터지만 그 전에 와도 나쁘지 않아요. 비는 왔다 가도 금세 그치니까. 게다가 10월부터는 성수기라 호텔비가 비싸지기 시작해요."

"몰디브 호텔은 너무 비싼 게 흠이에요. 그것도 웬만해야…"

"그렇지 않아요. 잘 찾아보면 비수기 즈음에는 특가상품으로 나온 호텔들이 있어요."

비행기 앞쪽 점프시트에 앉아 지상 직원과 이야기를 나누던 나는 밖으로 나가 바닷바람을 크게 들이켰다. 꿈에 그리던 몰디브 비행이지만 발 디딜 새도 없이 돌아가야 한다는 아쉬움에 바람이라도 쐬고 싶었다.

그리고 4개월 뒤, 나는 몰디브에 첫발을 내디뎠다. 휴가를 2주 앞두고 갑작스럽게 정한 여행지였다. 생각할 여유도 없이 호텔을 예약하고 비행기를 탔지만, 지난 1년간 인터넷으로 몰디브 리조트를 수없이 들락날락했으니 충동적인 선택은 아닌 셈이다. 유니폼이 아닌 일상복을 입고 이곳 몰디브에 꼭 한번 가보고 싶었다.

공항을 빠져나오자 우리를 기다리는 호텔의 스피드 보트가 보였다. 리조트가 있는 섬까지는 30분이 채 안 걸렸다. 리조트

에 도착하자 호텔 직원은 기다렸다는 듯, 미소 띤 얼굴로 웰컴드링크와 물수건을 가져다주었다. 엄마, 아빠, 그리고 나를 맞이한 호텔 직원은 우리의 조합이 꽤나 의외라는 반응이었다.

그들의 호기심은 다음 날 아침에도 여전했다. 조식을 먹으러 레스토랑에 가니 네 사람이 아니라 세 사람이냐며 되물었다. 설마 애인도 아니고 여자 혼자 부모님과 몰디브에 왔겠느냐는 눈빛이었다. 그러거나 말거나, 눈치 없이 구는 나에게 급기야 오후에는 대놓고 물었다.

"너 혼자 왔어?"

"아니, 부모님이랑"

"결혼은 했고?"

"아직."

"남자친구는?"

"없는…"

갑자기 부아가 치밀어 올랐다. 아니, 왜 내가 여기서 너에게 이런 고해성사를 해야 하는데?

보트를 타고 먼바다로 나가 돌고래를 구경할 때도 어김없이 혼자 왔느냐는 말을 들었다. 부모님이랑 함께였지만 그들 눈엔 부모님은 커플, 나는 솔로로만 보일 뿐이었다. 몰디브에서 싱글 레이디의 방문은 매우 낯선 일인 듯했다.

다음 날 나는 손님 중 유일한 비非커플, 그러니까 내가 솔로라

는 사실이 이곳 직원들에게 얼마나 신경 쓰이는 일인지 확실하게 깨달았다. 이날은 바다에서 손낚시를 하기로 한 날이었다. 배를 타고 바다로 나가 낚시를 할 만한 장소에 다다르자 선장이 엔진을 껐다. 직원들은 재빨리 낚시를 시작할 수 있도록 미끼인 생선살을 낚싯바늘에 끼워 바다에 던지는 요령을 알려줬다. 우리의 목표는 레드 스내퍼Red snapper다. 한국에서는 귀한 돔의 일종이다.

그날따라 눈먼 고기가 많았는지 나는 무려 다섯 마리의 생선을 잡았다. 분명 내가 잡은 것임에도 꼭 그렇다고 할 수 없는 건 내 낚싯줄에만 매달려 있던 선원 덕분이다. 이제 막 결혼한 신혼부부의 신랑들은 대부분 낚시만 하고 신부들은 열심히 사진만 찍어대니 선원들이 낄 자리가 없었다. 행복한 허니문의 절정을 즐기는 신혼부부 사이에는 끼어들지 않는 게 좋다는 것쯤은 오랜 호텔 생활의 노하우였을 테다. 우리 부모님도 사이좋게 각자의 역할을 나눠 가졌으니 별다른 도움이 필요 없는 듯 보였다. 자연스레 모든 관심이 나에게 쏠렸다. 유일한 싱글이니 도움 받을 사람도 없고, 심심풀이 말벗을 하기에도 제격이었다. 선원들

의 적극적인 관심과 도움으로 나는 '오늘의 낚시왕'이 됐다.

다섯 마리의 도미와 자랑스럽게 기념사진을 찍고 나니 직원들은 나에게 생선을 어떻게 요리해 먹겠느냐며 주문표를 들이댔다. 내일 점심으로 먹든 버리고 가든 선택은 자유지만, 그들은 '설마 애써 잡은 생선을 안 먹겠다 하진 않겠지'라는 눈빛을 보내고 있었다. 나는 다섯 마리를 낚은 낚시왕의 호기를 부려 두 마리는 몰디브식으로, 나머지 세 마리는 그릴에 구워달라고 주문했다.

이 모든 걸 지켜본 엄마는 그럴 줄 알았다는 표정이었다. 나를 신경 써주었다기보다 고기를 많이 잡게 한 다음 요리값을 받아내겠다는 계산에 넘어갔다는 거다. 그도 그럴 것이 그날 배에는 유난히 사진에만 집착하는, 그래서 돈은 쓸 생각이 없는 커플들이 많았다. 그들 사이에서 혼자인 내가 제일 만만한 손님이었을 거라는 게 엄마의 요지였다. 직원들이 혼자 왔냐며 묻는 통에 조금은 외로웠나 보다. 신경 써서 챙겨주는 모습이 싫지 않았다. 오히려 친구가 생겼으니까 혼자여도 혼자인 것 같지 않았다. 아니, 혼자여도 괜찮았다.

*몰디브, 말레

나의 첫 스쿠버다이빙은 운 좋게도 몰디브에서였다. 처음엔 자격증을 따볼까 생각도 했지만 일정이 빠듯했다. 자격증을 따려면 오전에는 수업과 함께 비디오를 시청하고, 오후에는 자격증에 필요한 잠수 시간을 채우기 위해 물속에 들어가야 한다. 그렇게 5~6일을 계속해야 자격증을 딸 수 있는 조건이 된다. 그러자면 몰디브에서 즐겁게 노는 것은 포기해야 한다. 환상적이라는 말 외에는 달리 표현할 마땅한 단어가 떠오르지 않는 아름다운 바다를 눈앞에 두고 스쿠버다이빙 자격증만 딴다는 건 용납할 수 없었다.

대신 반나절 동안 다이빙 체험을 하기로 했다. 오전에 한 시간 정도 간단한 스쿠버다이빙 상식과 기초적인 수신호를 읽는 법을 배웠다. 리조트 앞 얕은 바다에서 물에 들어가는 것부터 마우스피스를 입에 물고 숨 쉬는 방법, 숨을 참았다가 호흡기에 달린 호스를 빼고 끼우는 연습도 했다. 이제 진짜 바다로 들어갈 일만

나는 늘 새로운 바람이 그립다

남았다.

 강사 조Joe가 오후에는 깊은 바다로 들어갈 테니 잠시 쉬었다 오라고 했다. 점심은 가볍게 먹고 오라는 당부도 잊지 않았다. 햇볕이 따가워질 무렵 배에 올랐다. 배는 리조트가 있는 산호섬을 지나 심해의 바다로 나아갔다. 맑고 투명하던 바다의 색은 점점 짙어졌고 그 끝을 알 수 없는 검푸른 빛이 돌았다. 리조트가 보이지 않을 만큼 멀리 왔을 때 선장이 배를 멈췄다.

 "발을 앞으로 내밀고 그대로 내려가면 돼."

 조가 천천히 바다로 뛰어내리라는 신호를 보냈다.

 리조트에서 연습할 때만 해도 한껏 들떠 있었지만 막상 검푸른 바다를 마주하니 겁이 났다. 오래전 동생과 함께 스노클링을 하다가 죽을 뻔했던 기억이 떠올랐다. 산호초를 보겠다며 물속 깊이 들어갔다가 숨대롱에 물이 찬 것을 깜빡하고 숨을 들이마신 것이다. 순간 바닷물이 입과 목, 코로 넘어왔고 숨이 막힌 나는 당황해 깊은 바다에서 어찌하지도 못하고 괴로워했다. 다행히 정신을 잃지는 않아 이내 숨을 참고 다급하게 물 위로 올라왔다. 그날 이후 바다에 대한 공포가 생겨난 듯했다.

 그런데 먼저 바다에 들어간 조가 어서 내려오라고 손짓하고 있다. 잠수복에 납 벨트까지 달린 부력 조절 조끼를 입으니 몸을 움직이기가 쉽지 않았다. 발을 내딛는 것이 더욱 망설여졌다. 그래도 지금은 바다에 들어가야 한다. 사방이 바다인 이곳에서

한 걸음만, 단 한 걸음만 발을 내밀면 된다. 마음을 굳게 먹고 심호흡을 내쉬며 물속으로 뛰어들었다. 기다렸다는 듯 조가 내 손을 잡았다. 그것만으로도 안도감이 들었다.

잠시 내려가다 멈추고, 다시 내려가다 멈추기를 반복하며 우리는 천천히 물속으로 들어갔다. 조가 손으로 앞을 가리키며 따라오라는 수신호를 보냈다. 바닷속 세상은 수족관에서 본 것과는 비교도 되지 않았다. 마치 우주를 떠다니는 기분이었다. 조는 계속해서 새로운 물고기와 산호초를 보여주었다. 물고기는 철새가 이동하는 것마냥 떼를 지어 자신들만의 물길을 따라 이동했다. 옆에는 높이를 알 수 없을 만큼 커다란 산호초 벽이 우뚝 서 있었다. 이보다 낯선 곳이 또 있을까? 처음 보는 신기한 바다 생명체들이 유유자적 산호 속을 누비고 있었다.

나는 눈앞에 펼쳐진 새로운 세상을 꿈꾸듯 넋을 잃고 바라보았다. 그런데 갑자기 목이 콱 메어오는 게 아닌가. 미세한 먼지가 커다란 깃털이 되어 목구멍을 살살 건드리는 느낌이었다. 입으로만 숨을 쉬다 보니 목구멍과 입안이 모두 메말라 버린 것이다. 물 한 모금만 마시면 이 깃털이 쑥 내려갈 것 같은데…. 입에 꽉 물려놓은 호스 때문에 아무것도 할 수 없었다. 얼마나 깊이 내려왔는지도 모르니 이 호스야말로 생명줄이었다. 살아 있으려면 생명줄을 꽉 물고 버티는 수밖에 없다.

목이 메다 못해 조이는 느낌에 눈은 벌게지고 눈물까지 났다.

 이렇게 몰디브에서 생을 마감하는 것이 행복한 것도 같고, 불행한 것도 같다는 생각이 찰나를 스치고 지나갔다. 지금 내가 원하는 것은 딱 물 한 모금이었다. 한 모금의 물이 이렇게 간절한 적이 또 있었던가? 내 삶이 물 한 모금 때문에 끝날지도 모른다고 생각하니 왠지 모르게 억울하기도 했다.
 그러나 물 한 모금이 사치인 이 순간 내가 할 수 있는 유일한 것은 기도뿐이었다. 아직 죽을 때가 아니라는 응답을 받기만 한다면…. 나는 살살 목구멍을 달랬다. 조금만 기다리면 물 따위는 실컷 먹게 해주겠다고. 그러니 조금만 버텨달라고. 그런데 한순간 죽을 것 같은 고비를 지나자 목구멍은 거짓말처럼 괜찮아졌다. 메마른 목구멍의 신경이 여전히 날카롭게 서 있는 게 느껴지긴 했지만 견딜 만했다. 그제야 물고기가 만들어내는 수백의

색채와 빛의 향연이 다시 눈에 들어오기 시작했다. 다만 처음과 같이 마냥 황홀하기만 한 것이 아니라 바다에 대한 경외심까지 더해져 더욱 웅장하게 느껴졌다.

이 넓고 깊은 곳, 낯설디낯선 곳에서 나란 존재가 이토록 작게 느껴질 줄은 몰랐다. 가느다란 호스 하나에 온 생명을 의지한 채 그저 바라보는 것밖에는 아무것도 하지 못했던 내 모습이 거짓말처럼 선명했다.

물 위로 가는 길은 내려가는 길보다 더 천천히 기압을 조절해 가며 올라야 했다. 조는 계속 압력계의 게이지를 확인하며 물길을 안내했다. 서서히 머리 위로 빛이 보이기 시작하자 비로소 안도의 한숨이 나왔다. 호스 없이 마음 놓고 숨 쉴 수 있다는 것이 얼마나 감사한 일인지 새삼 깨달았다. 배 위에 오르자마자 시원한 물을 벌컥벌컥 들이켰다. 그 순간 물과 함께 목구멍의 깃털이 쑥- 내려가는 느낌이 들었다. 동시에 살아남았다는 사실을 확인하자 눈물이 찔끔 났다.

호스 없이 쉬는 공기가, 마른 목구멍에 물 한 모금이 얼마나 소중한지 깨닫는 일은 흔치 않다. 가까이 있는 것들에, 그들의 존재에 고마움을 잊고 살진 않는지 새삼 생각해 보았다. 호텔로 돌아가면 엄마, 아빠를 힘껏 껴안아야겠다고 다짐했다.

#7 불행히도가
아니라
다행히도

*미국, 뉴욕

뉴욕은 모든 것이 살아 있다. 사람도, 건물도, 바람도, 예술도 모두 그곳에선 활기차게 펄떡거린다. 뉴욕의 가이북은 매일 새롭게 생겨나는 레스토랑과 카페, 요즘 유행하는 클럽들을 앞다퉈 소개한다. 이런 뉴욕에서 해야 할 일들은 기하급수적으로 늘어난다. 메트로폴리탄 미술관Metropolitan Museum of Art이나 모마MoMa(뉴욕 현대미술관)에서 평소 볼 수 없었던 작품을 감상하고, 센트럴파크를 여유롭게 거닐며, 〈섹스 앤 더 시티〉에 나오는 그녀들의 단골집에서 브런치를 먹으며 지나가는 사람들을 구경하고, 자유의 여신상 꼭대기에 올라 맨해튼을 내려다봐야 하지만, 난 무엇보다 브로드웨이에서 뮤지컬을 보고 싶었다.

13시간을 꼬박 날아 도착한 뉴욕에서 내게 주어진 시간은 고작 하루뿐이었다. 다시 말해 무슨 일이 있어도 도착한 날 저녁에 뮤지컬을 봐야 하는 것이다. 비행 스케줄에 어떤 이변이 생길지 몰라 예약은 하지 않았다. 대신 호텔에 도착하자마자 당일 공연 티켓을 할인 판매하는 티켓츠TKTS로 달려가 〈맘마미아〉의 티켓을 손에 넣었다. 평소 보고 싶었는데 마침 저렴한 티켓을 발견했으니 브로드웨이의 첫 뮤지컬치고는 나쁘지 않은 선택이다.

뉴욕은 많은 인종들이 서로의 시간과 장소를 공유하는 도시다. 그 때문인지 곳곳에서 저마다 다른 분위기를 풍긴다. 그중에서도 매일 지상 최고의 쇼가 펼쳐지는 브로드웨이는 더욱 특별하다. 누구라도 자신의 취향에 맞는 이야기를 하나쯤은 찾을 수 있는 이곳을 누군가는 '이야기의 천국'이라고 했다. 내겐 〈맘마미아〉가 그 첫 번째였다.

타임스퀘어의 눈부신 전광판과 브로드웨이의 화려한 불빛에선 알 수 없는 에너지가 느껴졌다. 뉴욕 맨해튼 한복판에 내가 서 있다니, 영화의 한 장면처럼 비현실적인 분위기에 심장도 쿵쾅거리며 재빨리 반응했다.

설렌 가슴으로 공연장에 들어선 순간, 나를 맞이한 것은 당혹스러움과 실망감이었다. 상설 뮤지컬 극장은 생각보다 작았다. 예술의 전당이나 세종문화회관같이 큰 공연장을 떠올렸기 때문일까? 브로드웨이라면 당연히 더 화려하고 웅장한 규모일 거라 기대했기에 실망도 컸다.

다행히 공연이 시작되자 실망감은 사라져버렸다. 배우들의 섬세한 몸짓과 숨소리까지 또렷하게 느낄 수 있는 뮤지컬의 매력에 빠졌기 때문이다. 브로드웨이의 뮤지컬은 보는 것이 아니라 느끼는 날 것 그대로의 뮤지컬이었다. 그날부터 나는 뉴욕을, 브로드웨이를 사랑하게 됐다.

　얼마 후 다시 뉴욕 비행의 기회가 찾아왔을 때, 그날의 흥분을 떠올리며 호텔에 도착하자마자 브로드웨이로 뛰쳐나갔다. 이번에는 〈시카고〉를 선택했다. 공연까지 두어 시간의 여유가 있었다. 간단히 식사를 할 것인지, 호텔에서 잠시 휴식을 취할 것인지 고민했다. 함께 갔던 엘라도 선뜻 결정하지 못했다. 밤을 꼬박 날아 뉴욕에 도착했으니 온몸에 피곤이 밴 상태였다. 그러나 한번 침대에 누웠다가는 쉽게 일어나지 못할 것 같은 걱정에 맛있는 음식으로 피로를 풀기로 했다.

　12월의 브로드웨이는 세계 각국에서 몰려든 여행자를 환영하는 듯, 그리고 그들의 지갑을 좀 더 크게 열어보려는 듯 수많은 불빛이 깜박였다. 사람들은 일렁이는 밤바다 위의 작은 배가 등대를 쫓는 것처럼 불빛 속으로 사라졌다. 만국기처럼 화려한 불빛과 거리를 가득 메운 사람들이 싫지 않았다. 하지만 나는 이내 뉴욕의 칼바람에 지고 말았다. 뉴욕의 겨울바람은 특히 여행자를 좋아한다. 화려한 네온사인 사이를 날카롭게 파고들며 주변을 살피다가 코트 깃을 여미는 여행자에게 다가간다. 이방인의 향기를 가장 먼저 알아보는 능력이라도 있는 듯하다. 여행자에게 뉴욕의 겨울은 매섭다.

　기다렸던 〈시카고〉의 막이 올랐다. 주말이라 2층 좌석을 겨우

타임스퀘어의 눈부신 전광판과
　　브로드웨이의 화려한 불빛에선
알 수 없는 에너지가 느껴졌다.

구매했다. 따뜻한 공기가 칼바람에 얼었던 봄을 감싸는 것을 느끼며 코트를 벗어 무릎 위에 올려놓았다. 공연장은 어느새 시카고의 쿡 카운티 교도소로 변해 있었다. 여죄수들이 수용된 교도소를 누비는 록시와 벨마의 이야기는 아름다운 몸짓과 함께 노래가 되어 울려 퍼졌다.

 13시간 비행으로 소진된 체력과 9시간이라는 시차, 적당히 따뜻한 공연장의 공기, 저녁밥의 포만감은 여죄수들의 사연 많은

노래를 자장가로 바꿔버렸다. 공연이 절정에 달할수록 내 머리도 덩달아 절정으로 무거워졌다. 2막을 준비하는 휴식시간이 되자 기다렸다는 듯 코트를 감싸 안고 잠을 청했다.

다시 공연이 시작되고 이제 몸은 물에 젖은 솜처럼 무거워졌다. 잠깐 자는 동안 누가 속눈썹에 꿀이라도 바른 건지 한번 내려간 눈꺼풀은 좀처럼 올라올 줄 몰랐다. 머릿속은 다음 장면이 궁금한데 몸은 그렇지 않았다.

"불가능한 일이야. 아무리 마음이 간절히 원한들, 몸이 말을 안 듣는다니까"

비행을 끝내고 바로 브로드웨이로 가 뮤지컬을 볼 예정이란 말을 듣고 입사 동기 정연이가 건넨 말을 알 것 같았다. 몸은 이성이 아닌 본능에 따라 움직였다. 더는 몸을 가눌 수 없어 아예 코트를 베개 삼아 얼굴을 파묻고 자 버렸다.

결국 2막은 보지도 못하고 공연이 끝났다. 기지개를 켜면서 옆자리의 엘라와 눈이 마주쳤다. 내가 먼저 오자고 해놓고 이런 모습을 보였으니 무안하고 미안했다.

"혜은, 많이 피곤했구나. 나도 중간에 졸려서 혼났어. 그래도 이렇게 뉴욕에서 공연 보는 거 색다르고 재미있다"

그녀는 내 속내를 눈치챈 듯 개의치 않는다는 표정으로 말했다.

그날 이후 나는 비행으로 간 뉴욕에서는 뮤지컬을 보지 않았다. 뉴욕을 스치듯 지나는 여행자에겐 사치라는 걸 깨달았기 때문이다. 게다가 오가는 길에 일을 하는 승무원은 불행히도 온전한 여행자의 신분도 아니었다. 다만 브로드웨이의 뮤지컬을 즐겼다는 사실에 만족하기로 했다. 나에게 뉴욕은 '불행히도'가 아니라 '다행히도' 행복했던 곳이다.

아시아 비행은 마음을 편안하게 한다. 공항에 도착해 인파에 섞여도 낯선 시선을 느끼지 않을 수 있고, 적당히 매콤하고 칼칼한 향신료의 코끝 찡한 냄새도 익숙하다. 나는 그중에서도 싱가포르 비행을 유난히 좋아했다.

싱가포르는 작은 섬나라에서 오는 답답함이 있지만 깨끗하고, 치안도 걱정할 필요가 없는 데다, 예의 바르고 친절한 사람들이 다양한 인종과 어울려 사는 도시다. 덕분에 잠시 들렀다 가는 이방인이라는 이질감보다는 오히려 이곳 사람 중 하나인 듯 지낼 수 있다. 싱가포르는 혼자 여행하기에, 아니 혼자 살기에도 더없이 좋은 나라다.

내가 싱가포르를 특별히 좋아하는 이유는 그곳엔 나를 치유해주는 알 수 없는 에너지가 있어서다. 우연하게도 싱가포르에 갈 때면 무척 좋은 일이 있거나 매우 나쁜 일이 생기곤 했다. 한 번은 남자친구와 헤어진 다음 날 싱가포르 비행을 하게 됐다. 아무리 좋아하는 싱가포르라도 즐거울 리 없었다.

 공항을 나선 순간 와 닿는 후덥지근한 공기도 가슴 한켠에 뚫린 바람구멍 때문에 금세 손이 하얗게 시렸다. 백화점의 그랜드 세일도, 이걸 먹지 않았다면 싱가포르를 절반밖에 여행하지 않은 거라는 칠리크랩도 시큰둥했다. 무엇을 해야 좋을지 몰라 그저 호텔 창문 아래로 보이는 사람들을 하릴없이 쳐다볼 뿐이었다.

 적도를 비추는 강렬한 태양 빛 아래 활기찬 싱가포르의 풍경과 어두운 방안의 내 모습은 좀처럼 합의점을 찾지 못했다. 이러다간 돌아갈 때까지 방에서 한 발자국도 나가지 못할 것 같아 우울한 분위기를 전환하기로 했다. 아껴가며 읽은 탓에 도통 진도가 나가지 않던 책 한 권을 들고 호텔 앞 스타벅스로 향했다. 평소 너무 달아서 잘 마시지 않던 그린티 프라푸치노를 주문했다. 음료를 기다리는 동안 텀블러 진열대 앞을 서성였다. 취미는 아니지만 꾸준히 텀블러를 사 모으는 중이었다.

 "헬렌"

 멀리서 누군가 내 이름을 불렀다. 영어 이름을 쓰진 않지만 가끔 주문을 할 때면 습관처럼 불러주는 호칭이었다. 'HYEEUN'이라는 이름을 제대로 발음할 때까지 스펠링을 불러주며 서로를 알아가기에 나와 종업원, 그리고 긴 줄은 참을성이 없었다.

"Green tea frappuccino, right?"

작은 키에 장난기 가득한 표정의 귀여운 아르바이트생은 내 주문을 한 번 더 확인하고는, 아리송한 미소로 잔을 건넸다. 플라스틱 컵 밖으로 차가운 물방울이 송골송골 맺혀 있었다.

"Thank you."

컵을 받아들고 사람들 사이를 빠져나왔다. 작은 초록색 얼음

알갱이들을 입안에서 사르르 녹이며 마리나 베이Marina Bay로 향했다. 물기를 머금은 바람이 습하기는 했지만 기분 나쁠 정도는 아니었다. 오히려 촉촉한 공기가 햇살에 비쳐 강변 끝 에스플라네이드 극장Esplanade-Theatres on the Bay의 뾰족한 등껍질을 더욱 반짝이게 했다. 인디아 아리India Arie의 부드러운 목소리를 들으며 걷기에 더없이 완벽한 날이었다.

쓸데없이 지난날이 떠오르지 않게 음악이 머릿속을 흐르도록 내버려두고 걷고 또 걸었다. 멀리 보이던 싱가포르의 상징, 머라이언Merlion의 입에서 내뿜는 물줄기가 점점 더 선명해지기 시작했다. 어느새 그린티 프라푸치노의 얼음알갱이는 마녀의 저주가 걸린 수프마냥 녹색의 액체로 변해 있었다. 괜스레 께름칙한 생각이 들어 투명한 플라스틱 컵을 이리저리 돌려보았다. 컵 어딘가에 저주의 단서가 있을 것만 같았다.

'Haii… U cute.'

언제 적어놓은 걸까? 컵 한켠에서 발견한 건 마녀의 저주가 아니라 싱가포르 가이 특유의 귀여움이 물씬 풍기는 메시지였다. 글씨는 어딘지 모르게 그의 눈웃음을 닮아 있었다. 우습게도 짧은 메모 하나에 기분이 좋아져 괜히 히죽거렸다. 이 누님이 몇 살인지 알기나 하겠냐는 쓸데없는 생각을 하면서.

온종일 신경을 바짝 세우게 만들거나 한없이 우울한 일도 금세 잊어버리게 만드는 곳이 싱가포르다. 준비할 것은 아무것도

뜻밖의 선물,
뜻밖의 위로

없다. 사람을 무장해제 시키는 미소와 밝고 깨끗한 천성에 그저 녹아들기만 하면 된다.

  싱가포르는 작은 도시국가인 만큼 갈 만한 곳이 고만고만하다. 그래서 더 마음 편히 지낼 수 있는 곳이기도 하다. 뭉그적거리며 일어나 이어폰을 귀에 꽂고 거리로 나가면 후덥지근하면서도 어딘가 싱그러운 공기를 느낄 수 있다.

  싱가포르에서 우리가 묵는 호텔의 위치는 탁월 그 자체다. 지척에 부기스Bugis, 래플스Raffles와 같은 대형 쇼핑몰이 있고 그 아래로 지하철역이 이어진다. 객실 창밖으로 보이는 마리나 베이도 멀지 않은 곳에 있어 산책하기 좋다. 무엇보다 호텔 건너편에는 호커센터Hawker Center가 있다. 야외에 펼쳐진 음식백화점을 뜻하는 호커센터는 우리나라의 작은 노천 식당이나 포장마차가 모여 있는 곳이라 생각하면 된다. 호커센터는 크루들에게 인기 만점이었다. 두바이나 호주에서 출발하는 비행은 대부분 밤이 되어서야 싱가포르에 도착했다. 그럴 때면 우리는 약속이나 한 듯 호텔 앞 푸드 코트로 향했다.

싱가포르 비행에서는 되도록 기내식을 먹지 않는 것이 우리들만의 불문율이었다. 값싸고 맛있는 음식이 우리를 기다리니 기내식이 매력적일 리 없었다. 특히 칠리크랩과 페퍼크랩은 아무리 늦은 밤이라도 꼭 먹어야 직성이 풀리는 마성의 음식이다. 비행이 끝나면 우리는 올렸던 머리만 대충 풀고 호커센터로 향했다. 맛있는 음식과 시원한 맥주, 비행의 뒷이야기가 한 데 섞여 긴 여정의 여독과 스트레스를 풀어주었다.

2009년 9월, 이틀의 싱가포르 비행이 나왔다. 마침 그 뒤에 이틀의 니스 비행이 이어진 터라 한국에 있는 엄마에게 함께 여행을 하자며 티켓을 보냈다. 싱가포르 공항에서 만난 엄마와 호텔 주변을 산책하며 오랜만에 여유를 만끽했다.

다음날부터 본격적으로 모녀의 짧은 여행이 시작됐다. 우선 인공섬 안에 유니버설 스튜디오와 대형 호텔, 리조트가 들어선 복합 놀이동산인 센토사 아일랜드 Sentosa Island에 갔다. 머리는 사자, 몸은 물고기인 머라이언부터 시작해 바쁘게 구석구석을 돌아다니다 비치 트램을 타고 실로소 비치를 지나 팔라완 비치로

나는 늘 새로운 바람이 그립다

센토사 아일랜드 해변

향했다. 팔라완 비치에 자리를 잡고 누웠다. 솔솔 불어오는 바람에 몸을 맡기고 잔잔한 파도 소리에 마음을 맡기고 나니 스르륵 잠이 들었다.

잠깐의 단잠을 즐긴 뒤에는 수영도 하고 사람도 구경하며 싱가포르의 오후를 즐겼다. 호텔로 돌아와 옷을 갈아입고 분위기를 바꿔 이번에는 야경 구경에 나섰다. 싱가포르 강을 따라 유유히 흐르는 보트에 타면 고층 빌딩에서 뿜어져 나오는 불빛과 하늘을 덮은 스카이라인의 경치를 관람할 수 있다. 우리 모녀를 더없이 황홀하게 만드는 밤이었다.

이틀 동안 시내 곳곳과 관광지에 모녀의 발자국을 남기고 두바이로 돌아가는 비행기에 올랐다. 그런데 몸 이곳저곳이 자꾸만 간지러웠다. 승객이 보이지 않는 곳에서 몰래 팔이며 다리를 긁적거렸다. 동료들도 왜 이렇게 피부가 탔냐며 물었다. 아닌 게 아니라 벌겋다 못해 피부가 벗겨지기 시작했다. 쓰라린 어깨에 로션을 슬쩍슬쩍 발라가며 일을 했다.

"비치에 몇 시간 있지도 않았는데 왜 이러지? 나는 잘 타는 체질도 아닌데!"

"싱가포르는 적도에 있는 나라야."

의아해하는 나에게 싱가포르 크루가 당연하다는 듯 말했다.

그동안 싱가포르의 고층 빌딩 숲에 둘러싸여 시간을 보냈던 탓에 그곳이 적도의 나라라는 것을 까맣게 잊고 있었다. 대책 없는 딸 덕분에 까맣게 그을린 엄마도 한동안 후유증으로 고생해야 했다.

미지근한 적도의 공기는 빠르게 다가왔지만 그곳의 햇볕은 뒤늦게 자신의 존재를 알린 것이다. 잔뜩 물기를 머금어 습하지만 싱그러운 공기는 나에게 위로를 건넸지만, 온몸이 익을 만큼 구석구석 흔적을 남긴 태양의 반격도 놓칠 수 없는 싱가포르의 매력은 어디까지일까?

Life is a journey,
Not a destination.
There are no mistakes,
Just chances we've taken.
Lay down your regrets cause all we have is now.

• 인디아 아리의 〈A beautiful day〉 가사 중

*몰타, 발레타

에미레이트 항공에는 몰타 Malta 직항이 없다. 중간에 지중해 동부의 작은 섬 키프로스 Cyprus에 들러 승객을 내리고, 새로운 승객을 태운 다음 다시 지중해 바다 한가운데 떠 있는 몰타를 향해 날아간다. 그래서 Take-off(이륙)와 Landing(착륙)을, Boarding(탑승)과 Disembarking(하기)을 하루에 두 차례 진행한다. 육체적으로 쉬운 일은 아니다.

그럼에도 몰타 비행이 승무원들에게 인기가 높았던 것은 이틀 밤을 환상의 섬에서 보낼 수 있기 때문이었다. 그러나 이마저도 오래지 않아 몰타 비행은 데일리 비행으로 바뀌었고, 몰타에서의 체류 역시 하루로 줄어들어 몰타 비행의 인기도 떨어졌다.

사실 나는 몰타라는 나라가 있는 줄도 몰랐다. 에미레이트 항공에 입사한 첫날 수업에서 "아임 프롬 몰타~"라는 콧소리 섞인 영어를 듣기 전까지는…

첫 번째 교육은 우선 크루들의 자기소개로 시작되는데, 그날 하루 내 생에 가장 다양한 억양과 발음의 영어를 들었다. 영어라고는 미국 영어만 존재하는 줄 알았던 나에게 딱딱한 영국 영어나 랩을 하는 듯한 아프리칸 영어, 싱가포르 사람들의 싱글리시, 이탈리아노인지 프렌치인지 헷갈리는 영어, 필리피노의 영어와 중동 영어까지. 다양한 영어의 물결은 교육 내내 우리를 따라다닌 시험과 공부로 받는 스트레스에 가중치를 더해 주었다. 게다가 우리 반을 담당한 강사의 또로록 굴러가는 인도 영어와 가끔 된소리가 나오는 아랍 영어는 기내용어와 의약품, 와인, 치즈의 명칭을 외우는 것만으로도 벅찬 머릿속을 더욱 혼란스럽게 했다. 그럼에도 전 세계의 승객들을 맞이하기 위해서는 같지만 다른 느낌의 영어에 적응해야 했다.

그 가운데서도 단연 돋보이는 영어가 있었으니, 바로 자크의 영어였다. 동기들이 자기소개를 할 때마다 나는 신경을 곤두세우며 그들의 이야기를 경청했다. 곧이어 하얀 피부에 조금은 통통한, 노란색 곱슬머리의 자크가 등장했다.

"아임 프롬 모~오올타."

콧소리가 섞인 노랫가락 같은 영어가 시작되자마자 동료들이 킥킥거리기 시작했다. 모두 그가 말하는 내용은 들리지도 않는다는 듯 웃음을 참지 못하고 자크를 쳐다보았다. 대체 몰타라는 곳은 어디에 있기에 저런 영어를 구사하는 거지? 그의 영어는 미치 흥얼거리는 콧노래 같았고, 생각시도 못한 단어에서 여기저기 튀어나오는 억양과 발음이 너무도 재밌었다. 그러니까 영어를 저렇게 하는 곳도 있다는 말이지….

몰타는 가까운 이탈리아의 언어와 과거 영국령의 영향을 받은 영어, 그들의 언어인 몰타어까지 총 3개 국어를 자유롭게 혼용한다. 그러니 영어에 몰타어와 이탈리아 어의 악센트가 그대로 묻어 나오는 것은 어쩔 수 없는 일이다.

이렇듯 강렬한 첫인상을 남긴 몰타로의 첫 비행은 다행히 자크의 몰타 영어에 익숙해진 뒤였다. 몰타 비행 전날 고등학교 동창인 하영에게 몰타에 간다고 하니 "몰타? 거기 어학연수 가는 데 아니야?"라는 대답이 돌아왔다. 그녀 말인즉, 요즘 학생들이 한국 사람이 가장 적은 곳을 찾다가 몰타로 어학연수를 가기 시작했다는 것이다.

오 마이 갓! 이렇게 강한 악센트의 몰티즈 영어를 배우기 위해 몰타를 간다고? 누군가 몰타로 어학연수를 간다고 하면 꼭 말려야겠다고 생각했던 나로서는 이해가 가지 않았다. 다만 그들의 목표가 영어가 아닌, 지중해에서의 여유롭고 흥겨운 생활을 맘껏 즐기기 위한 것이라면 적극 찬성이다.

몰타는 이탈리아의 시칠리아 섬 아래에 있는 지중해의 작은 섬나라다. 전체 면적이 제주도의 6분의 1 정도밖에 되지 않는다. 허나 작은 크기와 달리 《성경》에도 몰타의 이야기가 등장할 정

도로 오랜 역사를 가지고 있다.

　몰타는 《신약성서》의 한 장면인 〈사도행전〉의 배경이 되는 곳이다. 아시아와 유럽 선교를 마치고 로마로 향하던 사도 바울이 바다에서 폭풍을 만나 난파되어 머문 섬 '멜리데Melth'가 바로 이곳이다. 당시 몰타를 관할하던 보블리오Publius는 파선 당한 바울 일행을 극진히 대접했다. 바울은 보블리오의 아버지가 앓던 열병과 이질을 치료하고, 섬사람들의 병을 고쳐주었다. 몰타 곳곳에 사도 바울St. Paul의 행적을 기념한 교회가 있는 것도 이 때문이다.

처음 몰타 비행을 가던 날, 나는 시칠리아에 다녀오리라 마음 먹었다. 나보다 앞서 몰타 비행을 다녀온 동료로부터 요트를 타고 시칠리아에 다녀왔다는 이야기를 들었기 때문이다. 몰타와 시칠리아의 거리는 100km밖에 되지 않아 몰타에서 출발하는 관광 상품이 인기가 있었다. 동료들과 나는 호텔에 도착하자마자 시칠리아 투어 예약을 위해 호텔 직원을 찾았다. 그러나 그는 내일은 파도가 높아 배가 뜨지 못할 것 같다며 안타까운 표정을 지었다. 우리는 어쩔 수 없이 다음을 기약했다.

다음 날 아침, 계획을 변경해 몰타의 수도 발레타Valletta에 갔다. 유네스코에 의해 세계문화유산으로 지정된 발레타는 오랜 시간에 걸쳐 페니키아·그리스·카르타고·로마·비잔틴·아랍, 그리고 성 요한 기사단의 지배를 받았다. 덕분에 다양한 문화와 종교가 시대에 따라 교차한 흔적을 볼 수 있다. 기원전 3600년 전에 세워진 신전, 수백 개의 가톨릭교회, 16세기 오스만 튀르크를 물리치기 위해 쌓은 성 요한 기사단의 성채 등 몰타의 역사와 함께한 유적지가 넘쳐난다. 작지만 많은 역사가 밀집된 지역 중 하나다.

달리 말하면 그만큼 침략과 약탈의 역사가 깊은 곳이기도 하다. 그 때문인지 발레타는 도시 전체가 요새처럼 지어져 있다. 이러한 역사적 배경은 언어에도 영향을 끼쳤다. 아랍어의 뿌리에서 나온 몰타어는 이슬람 어와도 유사한 단어가 많고, 지리적

으로 가까운 이탈리아 어의 억양과 악센트도 강하다.

과거 영국의 지배를 받기도 한 몰타는 현재 공식적으로 몰타어와 영어를 사용한다. 몰타의 국가 수입은 관광과 함께 영어학원에서 벌어들이는 돈이 대부분이다. 앞서 이야기한 것처럼 노랫가락 같은 영어를 대체 누가 배울까 싶지만, 스페인이나 프랑스 등 근처 유럽국가의 학생들이 많이 찾는다. 영국보다 날씨도 좋고 물가도 저렴하니 영어의 악센트와 발음만 제외하면 최적의 조건이다.

과장을 좀 보태자면 몰타에서 만나는 사람의 절반은 휴양을 즐기러 온 관광객이고, 나머지 절반은 어학연수를 하러 온 학생이라고 해도 크게 틀리지 않을 것이다. 덕분에 몰타에서는 유럽의 10대들을 곳곳에서 만날 수 있는데 이 미소년, 미소녀로 붐비는 몰타의 클럽은 핫하기로 유명하다. 그러니 영어 실력이 늘 것이란 장담은 못 해도 노는 데 일가견이 생기긴 할 테니 젊음을 불태우기엔 제격인 섬이다. 그렇다고 함부로 클럽에서 만난 여자(혹은 남자)와 술을 마시지 않도록 조심해야 한다. 혹시라도 미성년자와 술을 마셨다가 팔자에도 없는 몰타 교도소를 관광하게 될 수도 있으니, 마음에 드는 상대를 만났다면 먼저 신분증을 확인하도록!

몰타는 수천 년의 역사가 남아 있는 곳이지만 섬 전체가 휴양지인 까닭에 즐길 거리가 가득하다. 게다가 크지도 않아 혹시나

빼먹고 보지 못하는 것이 있지 않을까, 하는 걱정으로 쉴 새 없이 돌아다녀야 직성이 풀리는 여행객들에게는 부담을 덜어주는 곳이다. 스쿠터나 버스를 타면 섬 구석구석을 빠짐없이 돌아볼 수 있다. 따사로운 햇살이 내리쬐는 코발트 빛 바다와 유럽 각국에서 지중해를 건너온 요트가 빼곡한 항구, 저녁이면 카지노와 클럽의 불빛이 화려하게 빛나고 바닷가 너머 좁은 골목마다 저마다의 개성을 뽐내는 건물이 있다. 골목마다 자리한 발코니에서 바라보는 바다의 풍경과 시원한 바람, 뜨거운 햇살은 다른 유럽에 비해 유난히 이국적인 느낌을 준다.

지중해의 파라다이스 몰타. 어딜 가든 아름다운 해변이 있고, 그곳에는 영원히 멈추고 싶은 순간을 만끽하는 선남선녀가 가득해 몰타에 가면 눈과 마음이 즐겁다. 지중해에 떠있는 보석 같은 몰타는 그야말로 꼭꼭 숨겨두고 누구에게도 알려주고 싶지 않은, 온전히 내 것으로 만들고 싶은 곳이다.

*튀니지, 튀니스

마지막 비행을 얼마 남겨두지 않고 떠난 곳은 튀니스Tunis였다. 북아프리카 지중해 연안에 있는 튀니지의 수도다. 따사로운 6월의 날씨는 지중해를 더욱 사랑스럽게 만든다. 레바논 베이루트Beirut 출신의 리타, 대만에서 온 치아츠, 벨기에에서 온 리즈까지 동료들과 함께 시내 구경에 나섰다.

처음 간 곳은 튀니스에서 약 30분 거리에 있는 고대 도시 카르타고Carthago다. 포에니Poeni라고도 불린 페니키아 인이 기원전 8세기경에 세운 해안 도시다. 로마가 이제 막 이탈리아 반도를 통일한 작은 도시국가였을 때, 카르타고는 이미 서西지중해를 장악한 해상국가였다. 카르타고 유적지에는 옛 카르타고의 영토를 보여주는 지도가 그려져 있다. 가장 왕성했던 부흥기의 카르타고는 북아프리카부터 이탈리아 동쪽 해안에 있는 코르시카Corsica와 사르데냐Sardegna 섬, 그 밑의 시칠리아Sicilia와 이베리아 반도의

남부지방까지 영역을 확장하며 해상국가다운 위상을 떨쳤다.

그러나 경쟁 세력이던 로마 역시 점차 영토를 넓혀가던 중 시칠리아 섬에서 충돌이 벌어졌다. 역사적으로 유명한 한니발 전쟁을 포함해 총 세 차례에 걸친 포에니 전쟁이 발생했고, 그 결과 카르타고는 로마의 속주 도시가 되었다.

우리가 둘러본 카르타고는 옛 로마 유적지와 다름없는 모습이었다. 로마는 철저하게 카르타고를 파괴하고 주민이 살지 못하도록 하며 식민지를 건설했다. 그럼에도 카르타고는 무너지지 않고 이집트의 알렉산드리아Alexandria와 함께 로마제국 제3의 도시로 다시 한 번 번성했다. 때문에 로마에 기독교가 공인된 후, 3세기에 이르러 카르타고는 기독교의 중심지가 되었다. 지중해를 둘러싼 유럽과 아프리카의 역사는 우리가 알고 있던 것보다 길고 지난하게 이어져 왔다.

카르타고는 최초 페니키아 인에게 정복당한 뒤 로마인에게, 다시 8세기에는 아랍인에게 정복당한 후 유럽과 대립관계를 유지했다. 중세에는 십자군 원정을 온 사람들과의 한바탕 전쟁을 벌인 곳이기도 했다. 근대에는 다시 프랑스의 식민지로 보호받았으니, 지중해를 둘러싼 이들의 먹고 먹히는 영토전쟁과 더불어 기독교와 이슬람의 공방역사는 그저 한때의 사건이 아니었다.

이토록 장황했던 역사는 이제 튀니스 사람들의 밥벌이 수단이 되었다. 튀니스는 이교도 유적으로 꽤 짭짤한 관광수입을 올리고 있었다. 카르타고 유적지를 관람하기 위해서는 두 장의 입장권을 구매해야 한다. 한 장은 관광객용이고 나머지 한 장은 카메라용이다. 사진을 찍기 위해서는 카메라도 입장권을 내야 한다.

로마와의 전쟁에서 패배한 카르타고의 흔적은 대부분 사라졌지만, 전쟁에서 승리한 로마 유적은 곳곳에서 볼 수 있다. 유적이 주로 남아 있는 곳은 비르사 언덕 주변이다.

안토니오 목욕장은 카르타고 유적 중에서 가장 크고 보존상태가 좋다. 하지만 건물은 모두 소실되었고 터의 크기와 잔해로 그 규모를 가늠할 뿐이다. 과거에는 융성했지만 이제는 폐허처럼 쓸쓸히 돌가루만 날리는 그곳을 나오면 로마인 거주지로 이어진다. 주택과 목욕장, 극장, 상가 등으로 이루어진 이곳 역시 폐허의 돌기둥이 우리를 맞이했지만, 한때는 로마를 벌벌 떨게 했던 명장 한니발의 위용과 전설이 여전히 남아 있는 듯하다. 아마도 뒤로 보이는 바다만이 그 모든 것을 보았으리라.

유적지를 나온 우리는 자동차를 돌려 아프리카의 산토리니라는 시디 부 사이드Sidi Bou Said로 향했다. 언덕 위에 자리 잡은 마을은 흰색의 벽, 파란색 문과 창문으로 장식한 집들이 어우러져 독특한 색 보여주는 곳이다. 이곳의 대문과 바다, 그리고 하늘을 가리켜 '튀니지안 블루'라고 부른다. 프랑스 문인인 앙드레 말로는 시디 부 사이드를 가리켜 "하늘과 땅, 바다가 하나가 되는 도

시"라고 했다. 그도 그럴 것이 흰 벽에 푸른 문의 집들이 이어지는 골목을 거닐다 보면 마치 하늘을 나는 것 같고, 바다를 헤엄치는 것도 같다.

담장에는 새빨간 부겐빌레아가 피어 있고 히잡을 쓴 신비로운 눈동자의 여인들이 눈에 띄는 이국적인 골목을 따라 언덕을 오르면 노천카페와 레스토랑이 있다. 가장 많은 관광객들이 기웃거리는 곳은 역시 '돗자리 카페'라는 뜻의 '카페 드 나뜨Cafe des Nattes'다. 실제로 이곳에는 대나무를 많아 만든 돗자리가 깔려 있다. 앙드레 지드, 모파상, 카뮈, 생텍쥐페리 등 유럽 지성인은 이곳에서 예술과 문학을 꽃피웠다. 위대한 작가들과 같은 공간을 공유하고 있다는 사실은 시디 부 사이드를 더욱 특별하게 만든다.

우리는 카페에서 나와 밥 먹을 만한 곳을 찾았다. 담쟁이 넝쿨이 흐드러진 레스토랑이 눈에 띄었다. 입구에 있는 계단을 따라 오르자 넓은 테라스의 레스토랑이 나타났다. 2층의 테라스는 사람이 지나다니는 길에서는 보이지 않아 프라이버시를 완벽하게 보호하면서 마을과 바다를 조망할 수 있어 조용히 튀니지언 블루에 젖어들게 했다.

이날 우리는 리타가 제안한 브릭Brik을 애피타이저로 주문했다. 튀니지의 길거리에선 튀긴 음식을 파는 것을 자주 볼 수 있는데 브릭은 전통요리에서 빠지지 않는 음식이다. 밀가루 피에 달걀, 으깬 감자를 기본으로 다양한 재료를 넣고 튀긴 것으로 흡

나는 늘 새로운 바람이 그립다

낯선 바람을 따라 떠나다

흰 벽에 푸른 문의 집들이 이어지는 골목을 거닐다 보면
마치 하늘을 나는 것 같고, 바다를 헤엄치는 것도 같다.

사 우리나라의 군만두 같기도 하다. 나는 새우 브릭을 한 입 베어 문 뒤 곧바로 하나 더 주문했다. 바삭한 식감과 함께 반숙 달걀의 고소함, 새우의 탱글탱글함이 내 혀를 만족시켰다.

튀니스에 왔으니 쿠스쿠스Couscous를 빼먹을 수 없다. 좁쌀처럼 생긴 쿠스쿠스는 곡물이 아니라 기장이나 밀, 옥수수가루를 쪄서 만든 작은 알갱이로 일종의 파스타와 같다. 쿠스쿠스는 각종 채소나 고기와 함께 먹는데, 무엇을 곁들이느냐에 따라 다양한 종류의 쿠스쿠스가 된다. 나는 양고기 쿠스쿠스를 주문했는데 함께 나오는 매콤한 스튜와의 조합이 매우 훌륭했다.

식사를 마치고 우리는 차를 마시러 낮부터 찜해둔 카페로 향했다. 기울어진 언덕 위에 그대로 기울어지듯이 만들어진 카페였다. 입구에서는 내부가 전혀 보이지 않았지만 안으로 들어서니 시디 부 사이드에서 가장 아름다운 경치였노라 손꼽을 만한 풍경이 펼쳐졌다. 사람들은 삼삼오오 모여 튀니스의 화려한 색채의 러그가 깔린 의자에 앉아 이야기를 나누고 있었다. 우리도 차와 생과일주스를 시켜놓고 수다를 떨었다.

우리의 대화는 자연스레 비행 이야기로 넘어갔다. 리즈와 치아츠는 함께 교육받은 동기로 이제 승무원이 된 지 1년이 조금 넘었다. 교육이 끝나고 비행에 투입되면 동기들은 각자의 스케줄에 따라 뿔뿔이 흩어진다. 같은 비행에서 동기와 우연히 만나는 행운은 쉽게 오지 않는다. 그러니 리즈와 치아츠는 함께 비행하고 여행을 하는 지금 이 순간이 그저 행복하다고 했다. 두 사람은 앞으로 펼쳐질 비행에 대해서도 연신 기대와 흥미로 가득 찬 목소리로 떠들어댔다. 나와 리타는 그간의 즐거웠던 비행을 회상하며 얼마 남지 않은 비행에 대해 마음을 가다듬었다. 이제 9년 차인 리타도 곧 베이루트로 돌아갈 계획이었다. 우리는 서로 다른 끝을 달려가고 있었지만 같은 이야기를 하고 있었다.

더 먼 하늘 위로 날아갈 준비가 된 두 사람과 오랜 날갯짓을 잠시 접고 새로운 곳을 향해 다시 날아갈 준비를 하는 두 사람의 만남은 한없이 즐겁고 자유로웠다.

#1 내 마음속 영원한 이파네마 소녀

*브라질, 리우데자네이루

새로운 취항지는 늘 인기가 많다. 누구든 새로운 것을 원하는 법이니까. 새로운 장소에 대한 동경은 승무원인 우리도 마찬가지다.

두바이에서 남미로 가는 비행은 오랫동안 상파울루Sao Paulo뿐이었다. 지구를 반 바퀴나 돌아야하는 멀고 먼 여정이니 그럴 만도 했다. 그러다 2012년 1월, 오랜만에 남미로 가는 새로운 취항지가 생겼다. 이름만 들어도 가슴 떨리는 리우데자네이루Rio de Janeiro와 부에노스아이레스Buenos Aires다!

남미 특유의 열정과 섹시함을 동시에 느낄 수 있는 브라질의 리우데자네이루는 많은 사람들이 일생에 꼭 한 번은 가고 싶어 하는 매력적인 곳이다. 내게는 서정적 멜로디의 보사노바 곡 〈이파네마에서 온 소녀The Girl From Ipanema〉의 배경으로 알려져 더 궁금한 곳이기도 했다.

빵을 세워놓은 듯한 모양이라 해서 슈가로프Sugarloaf(설탕빵)라고도 불리는 팡지아수카르산Pao de Acucar. 그곳으로부터 이어지는 코파카바나Copacabana의 긴 해안 서쪽 편에 이파네마 해변이 있다. 처음 보는 순간부터 오랜 시간 들어온 노래가 떠오르며 이파네마 소녀를 만난 듯 감격스러웠다.

사실 노래만 듣고 상상한 이파네마는 해안가가 아니었다. 언젠가 사진에서 본 듯한 언덕 위에 꼬불꼬불한 좁은 골목이 이어진 브라질의 작은 마을. 나는 내 마음속으로 이파네마를 그렇게 그려왔다. 하지만 현실의 이파네마는 구릿빛 피부의 미끈한 몸매를 자랑하는 사람들이 가득한 해변이었다.

플라멩코, 보타포고, 레메, 코파카바나, 이파네마, 레블론 해변이 길게 이어지는 리우의 해변은 세계에서 가장 아름다운 해변이라는 명성에 손색이 없을 정도로 눈부시다. 5km에 달하는 해변에는 세상에서 가장 뜨거운 햇살이 쏟아져 내리고 모래는 보석처럼 빛난다. 리우의 사람들은 태양이 내뿜는 에너지를 마음껏 즐긴다. 반나체로 비치발리볼을 하는 멋진 몸매의 남녀, 태양 볕에 살갗을 태우는 여인, 선글라스를 쓰고 책을 읽는 노년의 신사, 젊음을 과시하며 뛰어다니는 청년들까지…. 리우의 해변에서는 모두가 바다와 어울리는 건강한 모습이다.

브라질을, 이파네마 해변을, 보사노바를 잘 몰라도 〈이파네마에서 온 소녀〉는 한 번쯤 들어봤을 것이다. 나 역시 이 노래를 듣고 브라질에 대한 환상이 생겼다. 〈이파네마에서 온 소녀〉는 보사노바의 역사상 가장 유명한, 그래서 리우데자네이루 국제공항의 이름이 된 안토니오 카를로스 조빔Antonio Carlos Jobim이 만든 노래다.

리우 태생이었던 그는 자주 이파네마 해변을 찾았고 그곳에서 노래를 만들기도 했다. 그러던 어느 날 큰 키에 조콜릿색 머리카락 흩날리며 해변을 거니는 카리오카Carioca(리우 태생의 주민들을 카리오카라고 부르지만, 그보다는 해변의 소녀들을 상징한다)를 발견했다. 금빛 태양을 휘감은 채 바닷가로 향하는 소녀의 모습은 그에게 영감을 주었고, 얼마 후 〈이파네마에서 온 소녀〉가 만들어졌다. 해변을 거니는 한 소녀로부터 시작된 이 노래는 반세기가 지난 지금도 꾸준히 불리고 있다.

'늘씬하고 까무잡잡한 젊고 사랑스러운 이파네마 소녀가 걸어가네.

소녀가 걸어가면 모두들 감탄하네.

그녀가 걸을 때 그녀는 마치 흔들리는 삼바 같네…'

카리오카는 건강하지만 여리고 아름답게 빛나는 수줍은 미소를 띤 소녀 그 자체다.

나중에 알게 된 이야기지만 카를로스 조빔의 눈에 띄었던 그 소녀, 엘로이사 피네이루는 브라질 〈플레이보이〉에 등장할 정도로 인기 모델이 되었다고 한다. 어딘지 모르게 도도했던 소녀는 시간이 흘러 아찔한 브라질리안 왁싱을 한 섹시 모델이 되었고, 지금은 칠순을 바라보는 할머니가 되었다. 하지만 지난 50년간 사람들의 마음을 설레게 했던 사랑스러운 소녀는 앞으로도 계속 금빛 이파네마 해변에서 우리를 기다리고 있을 것이다.

나를 스쳐간 바람은 그래도 꿈꾸라고 말했다

늘씬하고 까무잡잡한, 젊고 사랑스러운
이파네마 소녀가 걸어가네.
그녀가 지나칠 때 그는 웃어주지만
그녀는 그를 보지 않네.

그녀를 보는 그는 슬퍼 보여.
어떻게 하면 그녀에게 사랑한다 말할 수 있을까.
그는 그의 맘 전부를 그녀에게 줄 수도 있는데.
하지만 바닷가로 향하는 그녀는 똑바로 앞만 볼 뿐,
그를 바라보지 않네.

• 〈이파네마에서 온 소녀〉 중에서

#2 파벨라, 꽃처럼 피어나길

*브라질, 리우데자네이루

리우데자네이루 호텔은 비행을 다니며 묵었던 호텔 가운데 가장 마음에 든 호텔 중 하나였다. 호텔은 레블론Leblon 해변 끝의 언덕을 지나 새로 시작되는 해변에 있었다. 지하 1층의 헬스장은 야외 수영장으로 연결되고, 수영장 바로 아래로는 비지갈Vidigal 해변이 펼쳐진다. 이 해변은 양 끝이 낮은 언덕으로 가로막혀 있어 호텔의 프라이빗 비치처럼 이용되고 있다.

어느 방에서든 해변이 보여 발코니 문을 모두 열어놓고 파도치는 모습을 바라볼 수도 있다. 아침이면 해안에서 들어오는 바다 햇살과 파도 소리가 귀를 간질이며 잠을 깨운다. 어느 날 저녁에는 발코니를 활짝 열어놓고 침대 위에 누워 해가 지는 내내 하늘을 바라보기도 했다. 다양한 색깔의 물감을 하늘에 푼 듯 번지는 노을에 감탄하다 보니 이내 어두워진 하늘에 하나둘씩 빛이 떠올랐다. 별은 아니었다. 마치 반딧불이 같은 수천 개의 작은 불빛들이 반짝반짝 빛을 내고 있었다.

호텔 뒤 산자락에서 나오는 불빛이었다. 산 위에는 형형색색의 판잣집이 다닥다닥 붙어 있었다. 말로만 듣던 브라질의 빈민촌 파벨라Favela다. 리우데자네이루에만 해도 720여 개의 파벨라가 있다고 하니 엄청난 규모다. 공항으로 가는 길에도, 예수상을 보러 가는 길에도 곳곳의 산등성이마다 작은 성냥갑들을 쌓아놓은 듯한 파벨라를 볼 수 있다. 흡사 옛날 우리네 달동네 같다. 멀리 보이는 파벨라는 소외된 자신의 존재를 입증이라도 하려는 듯 알록달록한 불빛으로 도시의 색깔을 더해주고 있었다.

파벨라라는 이름은 빈민촌에서 얼어 죽은 파벨라라는 여자아이의 이름을 따서 붙여졌다고도 하고, 멀리서 보면 활짝 핀 꽃봉오리처럼 보인다고 해서 파벨라라는 노란 꽃 이름을 가져왔다고도 한다. 억센 가시를 가진 데다 메마른 곳에서도 잘 견디는 파벨라 식물의 습성이 마치 그곳에 사는 사람들 같기도 했다. 어떤 것이 맞는지는 중요하지 않다. 이름이 어떻든 간에 파벨라는 가난한 사람들이 힘겹게 삶을 이어가는 공간이었다.

파벨라에는 번듯하거나 제대로 된 집이 거의 없다. 사람들은 돈이 생기면 벽돌 몇 장을 사 담을 올리고 나무로 망가진 곳을 고친다. 1층이었던 집은 벽돌과 나무가 더해져 2층이 되고, 다시 쌓기를 반복하다 보면 어느새 사람들이 바글바글한 다가구 주택이 된다. 전기와 수도는 부자들이 사는 옆 동네에서 훔쳐 쓴

나를 스치간 바람은 그래도 꿈꾸라고 말했다

다. 전선 하나를 여기저기서 끌어 쓰느라 이곳의 파란 하늘에는 검은 줄이 어지럽게 그어져 있다.

산등성이를 따라 정상까지 다닥다닥 붙어 있는 집에는 마약에 중독된 젊은 청년이 있고, 거리에서 이불을 덮고 자는 노숙자가 있고, 쓰레기를 뒤지며 끼니를 해결하는 부랑자가 있다. 파벨라는 브라질 내에서도 법이 통하지 않는 지역이다. 실질적으로 이곳을 지배하는 것은 갱단이며 총기류와 마약이 거래된다. 이들에겐 총도, 마약도, 불법도, 가난도 모두 삶의 일부다.

리우에는 파벨라를 둘러보는 투어가 있다. 유명한 관광지도 아닌 평범한 사람들의 일상생활을 돈을 내면서까지 구경한다는 것이 아이러니하지만, 베일에 싸이고 감춰진 것을 보고 싶어하는 사람들의 욕망이 만들어낸 결과다. 멀리서 산등성이를 촘촘히 매운 파벨라의 불빛을 바라보고 있으면 그들의 삶이 궁금해지기도 한다. 하지만 법도 통하지 않아 경찰도 마다하는 우범지대에 선뜻 들어설 용기가 나지 않았다.

브라질을 여행할 때 조심해야 할 것 중 하나가 소매치기다. 대부분의 소매치기는 파벨라에 살면서 돈벌이를 하러 나온 아이들이다. 어려서는 소매치기로, 커서는 갱단으로 살며 마약과 범죄에 빠져든다. 이들이 신분상승을 하는 방법은 축구선수나 모델이 되는 것이다. 브라질 하면 떠오르는 축구선수인 호나우두와 호나우지뉴도 파벨라 출신이다. 이곳의 사내아이들이 어디서든 축구공을 가지고 뛰어다니는 이유를 알 것도 같았다. 그저 축구가 좋아서만이 아니라 살아가기 위한 또 다른 방법을 찾고자 하는 건 아닐까?

파벨라 출신으로 존경받는 또 한 사람은 룰라 다 실바Lula da Silva 전前 브라질 대통령이다. 2003년, 초등학교도 졸업하지 못한 그가 대통령이 되자 외국자본이 철수하기 시작했다. 룰라 대통령이 국민의 4분의 1이나 되는 빈민들에게 생활보조금을 지급하기로 결정했을 때는 모두가 브라질이 곧 아르헨티나처럼 국가부도를 맞게 될 것이라며 우려했다. 그럼에도 그는 자신의 신념을 굽히지 않았고, 대신 아이들을 학교에 보내야 한다는 조건을 걸었다.

재선에 성공했던 8년의 임기 동안 그는 빈민들을 중산층으로 끌어올리고, 브라질을 세계 8위의 경제 대국으로 만들어냈다. 그러나 이런 업적도 그가 파벨라 사람들에게 몸소 보여준 희망의 증거에 비하면 작은 것일지도 모른다는 생각이 들었다. 그는 브라질에 수많은 꽃봉오리를 만들어내고 물러났다.

꽃봉오리가 가장 아름다운 것은 언젠가는 예쁜 꽃을 피울 수 있다는 희망이 있기 때문이다. 가난하다고 꿈조차 가난할 수는 없다고 했던가. 파벨라의 수많은 꿈이 풍성하게 피어나길 바랐다.

눈 부신 태양과 빛나는 해변, 정열의 축구와 삼바, 그저 흥겨워 보였던 브라질. 하지만 그곳의 낮과 밤, 해변과 산등성이 삶의 모습은 너무도 달랐다. 결코 섞일 수 없을 것 같은 그들이었다. 그러나 모두가 브라질이다. 모두가 꽃봉오리다.

"가난한 사람들에게 희망을 주는 게 모든 정책의 최우선이다"

• 룰라 다 실바Lula da Silva

* 인도, 캘커타

"지금 이 비행기, 마드라스 Madras로 가는 건가요?"

"오 마이 갓! 아니에요, 이 비행기는 첸나이Chennai로 가는 중이에요."

승객에게 차를 따르다 말고 놀란 제니가 갤리로 뛰어 들어왔다.

"승객이 비행기를 잘못 탄 것 같아. 마드라스에 가야 한다는데 어떡하지? 보딩 때 제대로 확인을 안 했나 봐."

심각하게 듣던 우리가 웃음을 터뜨렸다.

"제니, 인도의 도시는 두 개의 이름을 가지고 있어."

인도 출신 부사무장 산자이의 설명이 이어졌다.

"같은 지역이라도 서로 다른 이름으로 불리지. 예를 들면 뭄바이Mumbai는 봄베이Bombay, 콜카타Kolkata는 캘커타Calcutta, 첸나이는 마드라스, 벵갈루루Bengaluru는 뱅갈로Bangalore, 코친Cochin은 코치Kochi로 말이야. 본래 인도의 지역 이름은 힌두신이나 지역 토속신의 이름으로부터 유래된 것이 많거든. 우리가 영국의 지배를 받던 때에 영국 사람들은 지역 이름을 영어식으로 바꿔놓았어. 기독교인인 영국 사람들이 힌두신의 이름을 부르기가 껄끄러웠겠지. 영어로 바꾸면 발음하기도 쉬웠을 테고."

인도 지역의 두 이름은 식민역사와 관련 있다. 이름의 사연에서 모든 일은 힘의 원리에 의해 이루어진다는 걸 다시 한 번 확인했다. 요즘에는 본래의 인도식 명칭을 쓰지만 여전히 많은 사람들이 영국식 명칭을 사용한다. 그러니 인도를 여행할 때는 꼭 목적지를 확인할 것!

인도 하면 빼놓을 수 없는 것이 음식이다. 카다몬Cadamon, 커민Cumin, 강황Turmeric과 코리앤더Coriander 등, 각종 향신료로 만든 인도음식은 처음에는 향이 진해 거부감이 들 수 있지만 먹다 보면 중독성이 생길 정도로 입맛을 자극한다. 반면, 인도 비행은 승무원에게 인기가 없다. 비행은 언제나 인도인 승객으로 꽉꽉 차고, 하루 동안 다녀오는 라운드 트립Round trip(랜딩 후 현지에서 잠을 자지 않고 그곳에서 다시 승객을 태워 돌아오는 비행) 치고는 비행시간도 길기 때문이다. 이런 우리를 위로해주는 것이 인도 음식이다. 최근에는 인도 비행의 기내식을 모두 두바이에서 싣고 가지만 당시만 해도 돌아오는 비행의 케이터링을 인도 현지에서 조달했다. 인도에서 직접 만든 음식을 기내식으로 먹다 보면 현지에서 직접 먹는 음식은 얼마나 맛있을까 하고 상상하게 된다.

캘커타는 인도 비행 중 유일하게 현지 호텔에서 머무는 비행

이다. 그곳은 마더 테레사의 수녀원이 있는 곳으로 유명한데, 그래서인지 가난한 사람들이 많은 곳이기도 하다. 나보다 앞서 캘커타에 다녀온 케이트는 절대로 구걸하는 사람들에게 돈을 주지 말라고 신신당부했다. 재래시장에 가는 길에 택시 기사가 한 번 돈을 주면 더 많은 사람들이 몰려들 거라고 엄포를 놓았는데, 그의 말대로 택시에서 내린 그녀에게 두 명의 여자아이가 '머니, 머니'를 외치며 다가왔다. 케이트는 기사의 말을 떠올리며 어렵사리 외면했다. 그런데 함께 간 동료가 차마 모른 척할 수 없었는지 손에 들고 있던 빵을 한 아이에게 주었다. 빵을 받은 아이가 재빨리 사라진 사이 옆에 있던 다른 여자아이가 동료에게 매달렸다. 자기에게도 돈이든 빵이든 달라며 떼를 쓰기 시작한 것이다. '두 소녀는 사이좋게 빵을 나누어 먹었습니다'라는 동화 같은 장면을 상상했던 케이트와 동료는 그 광경을 보고 충격에 빠졌다고 했다.

무시무시하다고 말하던 케이트의 이야기와 달리 커다랗고 오래된 버스에서 바라본 캘커타의 풍경은 상상했던 것보다 평온해 보였다. 캘커타는 1912년 수도를 델리로 옮기기 전까지 인도의 정치와 경제의 중심지였다. 그 덕에 시내에는 생각 이상으로 발전된 건축물이나 도시의 모습을 확인할 수 있다. 물론 중심가를 벗어나는 순간 길가에 빨래를 널어두고, 차도인지 인도인지 알 수 없는 길에 개와 사람과 소가 자동차가 함께 다니고 있기는 했지만 말이다.

커다란 버스가 쉼 없이 덜컹거릴 정도로 울퉁불퉁한 도로를 달리다 보니 마을 입구가 보였다. 입구 안쪽에는 나무판자로 얼기설기 엮은 집들이 보였고 어스름해진 저녁놀 아래로 밥을 짓는 희뿌연 연기가 올라오고 있었다. 이런 곳에 우리가 묵을 만한 호텔이 있을까 하는 생각이 들 무렵, 거짓말처럼 눈앞에 호텔이 나타났다.

허름한 판자촌 맞은편에 있는 호텔은 세계 어느 곳에 내놓아도 고급 호텔이라 불릴 정도로 화려했다. 벨보이가 높고 커다란 유리문을 열자 대리석이 깔리고 각종 꽃으로 장식된 로비가 보였다. 버스에서 내려 몇 발자국 걸었을 뿐인데 인도의 카스트제도와 빈부격차가 피부로 느껴졌다.

나는 곧바로 시내로 나갈 생각에 동행할 사람을 찾았으나, 크루들은 호텔에서 쉬겠다고 했다. 겁 없는 나도 인도에서 혼자 돌아다니는 것은 무리겠다 싶어 실망하고 있던 차, 산자이가 선뜻 동행해 주겠다며 나섰다. 우리는 호텔에서 멀지 않은 쇼핑센터로 향했다. 시내라고는 하지만 살 만한 것은 없었다. 그래도 옷을 좀 사야 할 것 같았다. 허벅지가 드러나는 짧은 치마를 입은 내 옷차림에 따가운 혹은 뜨거운 시선이 집중됐기 때문이다. 산자이 역시 '설마 그런 걸 입고 이곳을 돌아다닐 생각은 아니겠지?' 하는 불안한 눈빛을 보냈다. 안되겠다 싶어 옷가게로 들어갔다. 인도 특유의 색감과 무늬가 화려한 치마들이 걸려 있었다. 나는 발목까지 내려오는 긴 치마를 사서 허리에 둘렀다.

산자이는 복장이 편해진 나를 인도 사람들이 즐겨 찾는 찻집으로 안내했다. 인도를 대표하는 차, 차이Chai를 파는 카페였다. 우리는 차이와 함께 디저트를 주문했다. 차이는 일반적인 차의 재료로는 생소한 카다몬(생강과 같은 종류의 식물로 인도, 스리랑카, 중앙아프리카, 과테말라 등이 주산지다)과 후추, 계피, 생강가루 등을 넣고 차와 함께 끓이다 우유와 설탕을 듬뿍 넣어 한 번 더 끓이는 차다.

곧 작은 컵에 담긴 카다몬의 이국적인 향이 풍기는 달달한 차이 한 잔이 나왔다. 한 모금 마셔보니 매콤하면서도 진한 단맛이 느껴졌다. 인도 사람들은 커피든 차든 설탕을 많이 넣어 마신다.

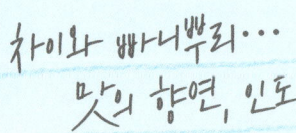

차이와 빠니뿌리…
맛의 향연, 인도

그래서인지 인도 비행에서는 티와 커피 서비스에 제공되는 설탕이 동나기 일쑤다. 점토를 구워 만든 컵은 차이를 마신 뒤 던져서 깨뜨리면 된다고 했다. 하지만 아무리 초벌구이한 컵이라 해도 차마 깨뜨릴 수 없어 앉아 있던 자리에 그대로 두고 나왔다.

영국 식민지 시절에는 차의 원산지인 인도에서도 찻값이 비쌌다고 한다. 좋은 찻잎은 모두 영국으로 가져가고 그들에게 남은 것은 찻잎 찌꺼기뿐이었기 때문이다. 그래서 차를 팔던 상인들은 우유와 설탕의 비율을 높여 찻잎 사용량을 줄이며 차 가격을 낮췄다. 이제는 인도하면 빼놓을 수 없는 대중 음료인 차이가 강대국의 지배 아래 모든 것이 부족한 상황에서 조금이라도 차를 맛있게 마시기 위한 노력에서 탄생한 셈이다. 음료 하나만으로도 그 나라의 역사를 엿볼 수 있는 것은 여행의 매력 중 하나다.

쇼핑센터 밖으로 나오니 노천 가게가 즐비한 거리는 활기차게 지나다니는 사람들로 생생한 분위기를 풍겼다. 오랜만에 고향의 슈퍼마켓에 들러 장을 볼 생각이라는 산자이를 따라 나섰다. 그가 음식을 파는 작은 리어카 앞에 멈춰 섰다.

"이거 한번 먹어볼래?"

산자이가 장난기 가득한 얼굴로 내게 물었다. '설마 이걸 먹을 수 있을까?' 하는 표정이었다.

"빠니뿌리Pani Puri야. 여기 공갈빵 같은 것에 감자, 양파, 병아리콩, 각종 향신료와 타마린드Tamarind(콩과에 속하는 교목으로 카레의 조미료, 우스터소스 등에 들어가는 재료)를 섞은 물을 넣어서 먹는 거야."

먹어보겠다며 고개를 끄덕이자 그가 그네들의 말로 주문했다. 상인은 재빨리 만들기 시작했다. 액체로 된 소스 때문에 미리 만들 수가 없어 주문을 받으면 그 자리에서 만드는데, 그 속도가 엄청나게 빨랐다. 얇게 튀긴 공갈빵 한켠에 톡 하고 구멍을 낸 뒤, 여러 재료와 소스를 넣고 나니 빠니뿌리가 뚝딱 만들어졌다. 나는 작은 설탕가루가 실이 되고, 그것이 커져서 풍선만한 솜사탕이 되는 것을 처음 봤을 때처럼 시선을 떼지 못하고 신기한 듯 쳐다봤다. 갓 만든 빠니뿌리를 건네받아 입을 크게 벌려 한입에 쏙 넣었다. 매콤하면서도 새콤하지만, 익숙하지 않은 온갖 향신료가 입안을 가득 채웠다.

마치 차선도 없는 도로에 가득한 자동차와 끊임없이 울리는 경적, 동물과 사람이 한데 섞인 거리의 모습, 떼로 몰려들어 구걸하는 아이들의 눈빛, 판자를 얼기설기 엮어 금방이라도 무너질 것 같은 집들, 그 옆에 자리한 고급 호텔까지 결코 공존할 수 없을 것 같은 것들이 한데 섞인 듯한 맛이었다. 다양한 향신료는 적응이 힘들 만큼 자극적이었다. 가난 한 스푼, 찌든 삶 한 스푼, 서러움 한 스푼에 그래도 살아야 한다는 그들의 의지 한 스푼이 섞인 듯 쓴맛과 단맛이 동시에 느껴지는 인도의 맛, 삶의 맛이었다.

낯선 바람을 따라 떠나다

#4 과거에 얽매이지 않고 살아가는 지혜

남아프리카공화국, 케이프타운

남아프리카공화국의 수도 케이프타운Cape Town의 첫인상은 아프리카보다는 유럽에 가까웠다. 높고 파란 하늘 아래 하얗게 부서지던 대서양. 빅토리아 앤 알프레드 워터프런트Victoria & Alfred Waterfront 의 노천카페와 레스토랑. 해변을 내려다보는 언덕 위의 고급 빌라와 저택들. 19세기 유럽의 건축 양식을 재현하고 있는 다운타운의 건물들. 네덜란드인의 침략적 이주와 영국 식민지라는 역사의 흔적은 화려한 케이프타운의 전경에 가려져 찾아볼 수 없었다.

12월 한여름의 케이프타운 여행은 내 여행 단짝 엄마와 함께였다. 우리 두 사람이 가장 먼저 찾은 곳은 케이프타운에서 멀지 않은 로벤 아일랜드Robben Island였다. 남북이 3.3km, 동서가 1.9km인 작은 섬은 남아프리카가 네덜란드에 점령당하면서 새와 펭귄, 물개가 사는 평화로운 곳에서 외부인은 들어갈 수 없는 감옥으로 바뀌었다. 섬은 나병 환자와 정신병자를 관리하던 격

리수용소로, 다시 정치범을 수용하는 감옥으로 쓰였다.

　로벤 아일랜드에서 복역한 사람 중 우리에게 잘 알려진 사람은 넬슨 만델라Nelson Mandela 전前 남아프리카공화국 대통령이다. 반인종차별을 부르짖었다는 이유로 무려 27년간 복역생활을 해야 했던 그는 이곳의 감옥에서 18년을 보냈다. 그가 원한 것은 자유였다. 자신이 태어나고 자란 고국 아프리카에서 백인들에게 모든 것을 빼앗기고 정해진 구역에서만 살아야 하는 삶이 아닌, 흑인도 백인과 같이 교육받고, 일자리를 보장받고, 사람답게 살 수 있는 권리. 그는 단지 그것을 원했다. 그러나 현실 속 그는 모든 자유와 권리를 박탈당한 채 감옥에서 오랜 시간을 보내야 했다.

섬과 케이프타운의 거리는 불과 12km밖에 되지 않았다. 섬에서는 테이블마운틴의 봉우리와 해변의 마을이 너무나 선명하게 보였다. 배로 30분밖에 되지 않는 이곳의 감옥이 폐쇄된 것은 1996년의 일이다. 내가 고등학교에 다니던 그때, 21세기를 코앞에 둔 그때에도 지구 반대편에서 합법적인 인종차별이 일어났다는 사실이 보고도 믿기지 않았다. 16%의 백인이 84%의 흑인을 법적으로 지배하기 위한 아파르트헤이트 법안이 폐지된 1991년까지 이곳에서는 흑인에 대한 학살이 여전히 자행되었다. 알제리의 혁명가 프란츠 파농이 왜 이곳을 "저주받은 땅 아프리카의 저주받은 자들의 유배지"라 불렀는지 어렴풋이 알 것 같다.

감옥이 폐쇄된 다음 해에 섬은 박물관으로 바뀌어 일반인에게 공개되었고, 1999년에는 유네스코 세계문화유산으로 지정됐다. 인권도 자유도 없던 외딴섬이 이제는 평화와 공존을 상징하는 곳이 되었다. '흑인의 정당한 권리'를 위해 이 어두운 감옥 속에서 오랜 시간 싸워온 넬슨 만델라의 희생이 살갗에 시리게 느껴졌다.

로벤 아일랜드를 구경하려면 하루에 4번 있는 투어를 신청해야 한다. 워터프런트에서 보트를 타고 섬에 도착해 투어버스로 갈아타면 섬의 구석구석을 안내받을 수 있다. 감옥뿐 아니라 노역을 하던 채석장과 종교활동을 위한 교회와 모스크, 그 외에도 등대와 작은 생필품 가게, 우체국 등 섬 안의 감옥은 작은 마을

로벤 아일랜드의 감옥 내부

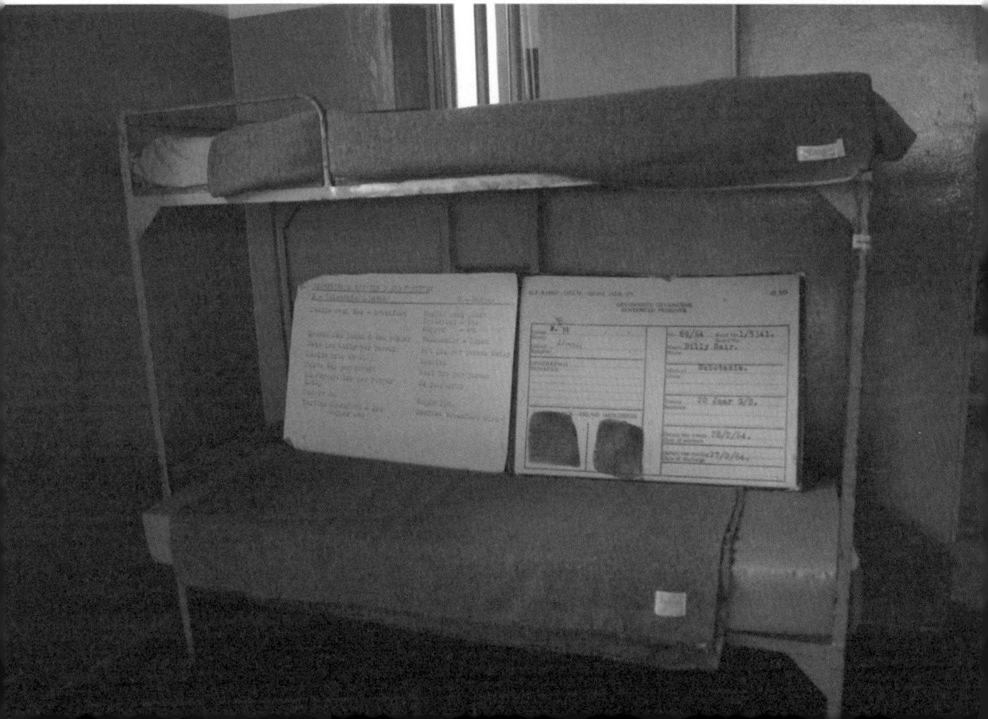

을 이루고 있었다. 그곳은 감옥이기도 했지만 사람 사는 곳이기도 했다.

그러나 섬에서 가장 인상 깊었던 것은 수용소도 넬슨 만델라도 아니었다. 나는 섬을 둘러보는 내내 우리를 안내하던 가이드를 존경스럽게 바라보았다. 이제는 시린 눈을 가늘게 뜨는 할아버지였다. 그럼에도 꽤나 건장해 보이는 체격으로 여전히 또랑또

랑한 목소리로 섬을 안내했다. 섬을 안내하는 가이드는 모두 이 수용소의 수감자 출신이다. 섬에 자유가 찾아온 뒤 여러 사정으로(대부분 본토로 돌아가도 갈 곳이 없거나 오랜 수감생활로 생계가 막막한 경우다) 이곳에 남게 된 사람들이다.

아직도 수감생활의 악몽이 생생하다는 할아버지는 사람들의 질문에 담담하게 대답하며 설명을 이어나갔다. 거기엔 어떤 신파도, 원망이나 회한도 없었다. '이 또한 지나가리라'는 명언을 몸소 보여주려는 듯 그 시절을 지내왔던 것이다. 그에게 이 섬의 가이드가 된다는 것은 자신이 오랜 시간 지켜낸 신념을 계속해서 확인하고자 하는 의지였다. 주름으로 뒤덮였지만 다부진 얼굴과 굳게 다문 입술이 그렇게 말하고 있었다.

삶의 가장 끔찍했던 순간을, 잊고 싶은 기억을, 벗어나고 싶은 과거를 매일 마주한다는 것은 어떠한 삶일까? 그의 선택이 어쩔 수 없는 현실이었든, 스스로 원한 것이었든 세상에서 가장 큰 용기가 필요한 일이었을 거다. 그가 사는 곳은 비록 과거의 땅이지만, 과거를 살지 않는 지혜를 그에게서 보았다.

#5 부디 서로를
지켜주기를

*스리랑카, 콜롬보

승무원들이 선호하는 비행지는 볼 것이 많은 유명 관광지나 쇼핑하기 좋은 곳, 자연경관이 수려한 휴양지, 혹은 혼자서 여행할 수 있는 도시 등이다. 이도 저도 아니라면 차선책으로 호텔 상태가 좋은 곳을 꼽는다. 그저 호텔에서 마냥 여유를 부리다 오면 그만이니까.

 이런 기준에서 볼 때 스리랑카의 콜롬보는 내가 선호하는 비행지는 아니었다. 지금은 끝났지만 당시에는 권력을 독점하고 있는 싱할라족과 차별대우를 받고 있는 타밀족 간의 200년이 넘는 내전으로 콜롬보에는 아직 테러의 위협이 곳곳에 남아 있어, 바깥 외출이 어려웠다. 호텔은 동남아 특유의 습한 공기 때문인지 눅눅한 이불과 곰팡내 나는 화장실로 그리 쾌적한 환경이 아니었고, 역시나 열악한 룸서비스 때문에 유쾌한 곳이 못 된다는 동료들의 불평까지 들렸다. 이런 연유로 콜롬보 비행에는 별다른 로망도 없었다.

다행히도 나의 첫 콜롬보 비행은 비행을 시작한 지 1년이 다 되어서야 나왔다. 게다가 그즈음에는 콜롬보 비행을 다녀온 친구들이 네곰보Negombo 비치에 다녀왔다는 둥, 마사지가 저렴해 갈 때마다 받고 있다는 둥 자랑을 해 나도 한번 가고 싶다는 생각이 들던 참이었다.

나는 첫 콜롬보를 제대로 즐기겠다며 동료들과 함께 호텔 여행사에 시티 투어를 신청했다. 다음 날 아침 우리는 호텔에서 준비한 승합차를 타고 시내로 향했다. 한눈에도 자동차의 상태는 썩 좋지 않았다. 그래도 한껏 들떠 있었기에 개념치 않고 시내로 향했다.

사실 시내라고 해도 갈 만한 곳이 있는 것은 아니다. 스리랑카의 경제 상황이 좋지 않아 수도인 콜롬보 중심가도 낙후돼 보였다. 우리는 가이드 겸 운전기사가 데려다 준 쇼핑몰을 구경했다. 몇몇 크루들은 값싼 복제 DVD를 사기도 했다. 호텔이나 두바이 집에서 혼자 지낼 때, DVD만큼 적절하게 시간을 때울 만한 것도 없기 때문이다.

점심을 먹고 오후에 접어들 무렵, 호텔에서 연락을 받은 가이드가 돌아가자며 우리를 재촉했다. 호텔 매니저가 크루들을 데리고 빨리 복귀하라고 했다는 거다. 어렵게 시내까지 왔는데 쇼핑몰만 구경하고 돌아가야 한다니, 너무 아쉬웠다. 시내까지 나오는 길이(사실은 털털거리는 승합차가) 여간 불편한 것이 아니어

서 다시는 이곳에 오지 않겠다고 생각한 터였다. 다시 말해 이번이 내 생애 마지막 콜롬보 시내 구경이 될 터였다.

게다가 오후에는 내가 가장 기대했던 파라다이스 로드에 가기로 했었다. 가이드에게 파라다이스 로드만이라도 잠깐 들렀다 갈 수는 없냐며 졸라댔다. 가이드는 서둘러 구경하고 나올 것을 조건으로 파라다이스 로드로 향했다.

그렇게 도착한 그곳은 이름처럼 파라다이스도, 로드도 아니었다. 각종 인테리어 용품과 아기자기한 주방용품, 생활 가구를 파는 아담한 주택이었다. 스리랑카에서 이 나라의 특산품인 딜마Dilmah 차를 살 수 있는 유일한(내가 가 본 곳 중에는) 곳이기도 했다. 우리는(특히 내가) 정신을 못 차리고 예쁜 틴Tin에 담긴 차를 바구니에 담았다. 두바이에 비해 저렴한 스리랑카 물가 덕분에 질 좋고 예쁜 주방용품과 그릇들도 함께 담았다. 얼마나 쓸어 넣었는지 호텔에서 받은 콜롬보 체류비도 모자라 가져간 달러를 환전해야 했다.

한창 쇼핑에 빠진 우리를 끌어낸 것은 가이드였다. 곧 해가 저물 테니 서두르라며 재촉했다. 더 구경할 수 없는 게 아쉬워 마지막으로 자동차에 탔다. 호텔로 가는 동안에도 미처 사지 못한 물건들이 생각났다.

저녁 무렵이 되어서야 호텔에 도착했다. 호텔 매니저는 왜 이렇게 늦었느냐며 가이드를 다그쳤다. 알고 보니 얼마 전 콜롬보 북쪽에서 일어난 테러 사건 때문에 시내 분위기가 좋지 않았다고 했다. 회사도 걱정이 됐는지 호텔에 전화해 크루들의 신변을 물어보며 되도록 외출을 삼가고 호텔에 머물러 있을 것을 당부했다. 하지만 우리는 이미 시내로 출발한 상황이었다.

호텔 매니저가 오후 내내 가이드에게 전화를 해 최대한 빨리 돌아오라고 한 모양이었다. 이런 줄도 모르고 나는 좀 더 구경하고 싶다며 욕심을 부렸으니, 가이드도 난처했을 것이다. 미안한 마음이 들었다. 그러고 보니 오가는 도로 곳곳에 무장군인들이 서 있었다. 당시 콜롬보는 여전히 전쟁 중이었다.

테러의 위험 속에서 시내를 구경한 지 1년이 지나서야 다시 콜롬보 비행을 갔다. 보통은 현지에서 24시간을 머무는데 이번에는 콜롬보에서 꼬박 이틀 밤을 지내는 일정이었다. 48시간이라는 체류 시간이 주어지면 도착한 날과 출발하는 날 사이의 하루는 온전한 자유시간이다. 그러나 이틀 동안 무엇을 해야 할지 머릿속에 떠오르는 게 없었다.

"혜은, 콜롬보에서 뭐할 거니?"

영국 악센트가 강한 부사무장 니콜이 물었다.

"글쎄, 나는 콜롬보는 잘 몰라서…. 아마도 호텔에서 수영이나 하고, 책이나 보겠지, 뭐."
 "그래? 나는 코끼리 고아원에 갈 생각인데, 같이 갈래?"
 코끼리 고아원? 상상이 잘 되지 않았지만 솔깃했다. 별다른 계획이 없었던 나는 그녀를 따라 나서기로 했다. 옆에서 듣고 있던 동료 준도 합류했다.
 이튿날 아침, 니콜과 준 그리고 나는 택시를 타고 코끼리 고아원으로 향했다. 전날 저녁 호텔에 도착하자마자 미리 예약해 뒀다. 택시는 콜롬보 공항 근처에 있는 호텔을 빠져나와 이내 진한 녹음의 수풀이 우거진 곳으로 들어섰다. 비행의 여독 때문인지 우리는 쿠션도 없는 딱딱한 택시에서도 단잠을 잤다. 그렇게 한 시간을 넘게 자다가 더운 기운에 잠이 깼다. 택시는 여전히 정글 같은 곳을 지나고 있었다. 어딘지 으스스한 기분도 들었다. 그렇게 비포장도로를 달리던 택시가 작은 철문 앞에서 멈췄다.
 그곳에는 살집이 없이 마르고 왜소한 사람들이 모여 있었다. 그들은 택시에서 내리는 우리 주변으로 몰려들더니 바나나 뭉치를 내밀었다. 작고 흠집이 많은 바나나였다. 우리가 난감한 표정을 짓자 기사 아저씨는 한 봉지씩 사라는 눈짓을 했다. 코끼리에게 줄 먹이였다. 코끼리가 좋아하는 간식도 샀으니 이제 고아원만 가면 되겠다고 생각했는데, 바로 앞에 있던 작은 철문이 입구라 했다. 거대한 초원을 생각했던 터라 조금 실망하며 고아원으로 들어갔다.

그런데 내부는 밖에서 본 것과는 완전히 다른 세계였다. 탁 트인 시야 너머로 산자락이 보였다. 코끼리 고아원은 국립공원이나 동물원이라고 해도 될 만큼 꽤 큰 규모의 숲 속에 자리 잡고 있었다. 스리랑카는 전체 인구의 80% 이상이 불교와 힌두교 신자인 까닭에 코끼리를 신성하게 여긴다. 코끼리는 부처의 치아 사리를 운반한 동물이기 때문이다. 이 작은 섬나라에 가장 많이 살고 있는 동물이 가장 큰 코끼리인 것도 이런 연유에서다. 이렇게 넓은 곳이 코끼리 고아원인 것을 보면, 숲에서 어미를 잃은 새끼들이 꽤 많은 모양이었다.

이곳에는 어미를 잃은 코끼리뿐 아니라 서커스나 농장에서 일을 하다가 다쳐 버려진 코끼리들도 들어온다. 녀석들이 잃은 어미는 상아를 채취하는 밀렵꾼들에 잡혀 목숨을 잃는 경우가 많다고 했다. 새끼라고 보기에는 큰 코끼리도 있었는데 먹을 것이 풍부하다 보니 아프리카코끼리보다 몸집이 더 크다. 그래서인지 나보다 더 큰 코끼리도 젖병을 빨고 있었다. 가족처럼 보이는 코끼리도 있었는데 진짜 가족인지, 아니면 무리로 몰려다니는 코끼리의 습성 때문에 그렇게 보이는 건지 잘 모르겠다.

코끼리들은 관광객이 주는 바나나를 받아먹고, 만져보고, 기념사진을 찍을 수 있도록 우리 밖에서 어슬렁거리고 있었다. 개중에는 우리 안에 있거나 다리에 줄을 매달아 놓은 코끼리도 있었다. 아마도 성질이 좋지 않아 관광객을 공격할 위험이 있어서

가 아닐까 싶었다.

　처음 만져본 코끼리는 단단하고 거칠었다. 새끼 코끼리라서 조금은 부들부들할 거라 생각했는데 나무껍질처럼 꺼끌꺼끌한 피부에 듬성듬성 난 털은 뻣뻣하고 두꺼워 찔릴 것 같았다. 사육사는 직접 코끼리에게 우유를 먹여도 좋다며 관광객에게 젖병을 쥐어줬다. 도전해보고 싶었지만 내 몸집보다 큰 코끼리에게 우유를 먹이다가 내 손까지 입으로 들어갈 것 같아, 옆에서 구경만 했다.

오후가 되자 코끼리들은 사육사와 함께 길 건너에 있는 마하웰리Mahaweli 강으로 갔다. 스리랑카에서 가장 긴 강인 이곳에서 코끼리들은 하루에 한두 번 목욕을 한다고 했다. 코끼리들을 몰고 가는 사육사를 따라 길을 건너면 강으로 가는 길목에 각종 상점이 즐비해 있다. 이곳에선 주로 코끼리 똥으로 만든 기념품을 파는데, 초식동물인 코끼리 똥을 가공해 종이 제품을 만드는 것이다. 아무리 초식동물이라도 똥이라니! 지저분해 보일지

모르겠지만 실제로 보면 일반 종이와 다를 게 없어 보인다. 가게 안에는 오물로 인한 환경오염도 막고, 나무 소비도 줄일 수 있다는 내용과 함께 똥으로 종이를 만드는 과정을 설명해 놓은 그림이 걸려 있었다. 관광객이 마음 놓고 코끼리똥 종이를 살 수 있도록 배려한 것이다. 사실 초식동물인 코끼리 똥은 풀이나 나뭇잎 같은 것이 대부분이니, 종이의 재료로는 안성맞춤이다.

 마하웰리 강이 한눈에 들어오는 강둑 꼭대기에는 식당이 있다. 관광객들은 모두 그곳에 자리를 잡고 앉았다. 코끼리들이 자연 속에서 목욕하는 광경을 보면서, 따뜻하거나 시원한 차 한 잔을 마시기 위해서다. 우리도 그곳에 자리를 잡고 카메라를 꺼냈다. 코끼리가 목욕하는 모습은 TV에서 보는 것보다 훨씬 감동적이었다. 엄청난 코끼리 떼가 물속에서 첨벙거렸다. 이어 코끼리들은 강둑으로 나가 흙에 몸을 비볐다가 다시 물속으로 들어와 코로 물을 내뿜었다. 생명, 그 자체였다.

 한 시간가량 목욕을 마치고 돌아가는 코끼리 떼 역시 장관이었다. 양옆으로 상점이 들어선 좁은 골목길을 코끼리들이 무리 지어 지나가니 땅이 쿵쿵 울렸다. 그 사이에서 경찰이 사이렌을 울리며 무어라 소리 질렀다. 아마도 코끼리가 지나가니 길을 비켜달라는 말인 듯했다. 도로의 자동차는 인내심 있게 코끼리의 귀환을 기다려 주었고, 코끼리들은 줄을 맞춰 고아원으로 돌아갔다.

코끼리를 신성시하는 스리랑카지만 한 편에서는 코끼리와 목숨을 건 사투를 벌이는 사람들도 있다. 야생 코끼리들이 배고픔을 해소하려 마을로 내려와 논과 밭을 공격하기 때문이다. 땀 흘려 일군 농작물을 지키기 위해 농민들은 밤새 잠도 못 자고 망을 본다. 코끼리 떼가 습격이라도 하면 집과 논밭이 엉망이 돼버리니 농민들은 목숨을 잃을지도 모른다는 두려움을 견디며 가족과 농작물을 지키는 것이다.

인간과 코끼리와의 공존 불가능으로 어미 잃은 코끼리가 생기고, 사람들은 집과 논밭을 잃기도 한다. 누군가는 코끼리를 혹사시키지만 다른 한편에서는 그들을 보살펴준다. 세상은 그렇게 한쪽과 다른 한쪽이 있기에 그럭저럭 굴러가는 것은 아닐까 싶다. 코끼리를 둘러싼 사연들을 알게 되니 '공존'의 어려움이 현실로 와 닿았다. 공존이 불가능한 종족 간에는 테러가 일어났다. 어쩌면 공존이란 그저 누군가가 함께한다는 것을 허락해 주는 것이 아닌, 서로가 존재할 수 있게 지켜주는 것일지 모르겠다. 부디 스리랑카에 공존이 깃들기를, 그리고 전쟁의 아픔과 상처가 빨리 아물길 바라본다.

#6 뽈레뽈레, 조금만 더 천천히

*케냐, 나이로비

내 로망 중 하나는 아프리카에 있다. 끝이 보이지 않는 지평선과 그 위를 달리는 사자와 물소 떼, 그들과 멀찍이 떨어져 어슬렁거리는 얼룩말과 기린의 무리. 언젠가 TV에서 보았던 아프리카 대초원의 모습은 내 마음속에 소망 하나를 그려놓았다. 그러나 나의 로망 나이로비 Nairobi 로의 비행은 TV 속 그곳과는 사뭇 달랐다.

아프리카 케냐의 드넓은 초원에 가기 위해선 복잡하고 골치 아픈 절차를 거쳐야 한다. 비행 전 각종 예방 주사를 맞아야 함은 물론, 쾌적한 여타의 공항과 달리 시끌벅적한 나이로비 국제공항에서 짐을 싣고 나오면 아프리카 제1의 도시답게 엄청난 교통체증이 우리를 기다리고 있다. 나이로비의 도로 사정은 그다지 좋은 편이 아님에도 자동차가 많다. 심각한 교통체증에 호텔에서 크루들을 태우고 공항으로 가는 버스를 한 시간 넘게 기다린 적도 있다. 교통체증으로 인한 셔틀버스의 지각은 한두 번 간

헐적으로 일어나는 일이 아닌, 고질적인 문제였다. 결국 회사에서는 우리가 묵는 호텔을 공항에서 가장 가까운 시내의 호텔로 바꾸었다.

시내로 호텔을 옮기기 전 나이로비 호텔은 각국 대사관과 외국인들이 밀집한 지역에 있었다. 호텔 주변의 물가가 좀 비싼 편이기는 했지만 꽤 크고 시설이 좋은 쇼핑몰이 바로 옆에 있어 편리했다. 때문에 나이로비에 갈 때면 쇼핑몰에서 하루를 보내다 오는 게 대부분이었다. 쇼핑몰 안에는 여러 여행사가 있었다. 입구에는 케냐에서 가장 많은 야생동물이 서식하는 마사이 마라 국립 야생동물 보호구역Masai Mara National Reserve과 세계 최대의 플라밍고 서식지인 나쿠루 호 국립공원Lake Nakuru National Park을 거치는 사파리, 그리고 케냐의 휴양지 몸바사Mombasa 해안의 홍보지가 붙어 있다.

체류 시간이 고작 24시간인 나에게는 그림의 떡이었다. 설령 시간이 된다 하더라도 회사 규정상, 비행으로 온 승무원은 묵고 있는 호텔에서 일정 거리 이상 나갈 수 없다. 멀리 나갔다가 무슨 일이라도 생기면 비행에 차질이 생기는 것은 물론, 신변의 보장도 장담할 수 없으니 당연했다(이 규칙은 모든 비행에 적용된다).

아프리카의 심장 케냐라 해도 이제껏 안전이 보장된 쇼핑몰만 다녔기에 다른 비행지와 별 다를 게 없었다. 그러다 하루는 이코노미 크루 리즈가 나이로비 국립공원의 사파리 투어에 가자

나를 스쳐간 바람은 그래도 뭉구라고 말했다

낯선 바람을 따라 떠나다

나를 스쳐간 바람은 그래도 꿈꾸라고 말했다

는 제안을 했다. 도심 속 나이로비 시내에서 사파리 투어가 가능하다니. 가지 않을 이유가 없었다. 비행하는 동안 사파리 투어에 함께 가겠다는 동료 셋과 부기장까지 미리 팀을 짜두었다. 우리는 호텔에 도착하자마자 사파리 투어를 예약했다.

　다음 날 아침 8시에 로비에서 모이기로 했다. 동물들은 일찍 움직이기 때문에 축 늘어져 낮잠이나 자는 모습밖에 보지 않으려면 서둘러야 했다. 하지만 늘 그렇듯 약속을 지키지 않는 사람은 꼭 있다. 결국 그를 제외한 4명이 같은 자동차에 올라탔다. 호텔에서는 친절하게도 이른 아침 출발하는 우리를 위해 도시락까지 준비해 주었다.

　스와힐리어로 사파리는 '여행'이라는 뜻이다. 원주민들이 사냥을 위해 먼 길을 떠나는 것, 그게 바로 그들의 사파리다. 오늘날의 사파리는 발이 아닌 자동차로, 동물 사냥이 아닌 관찰을 위해 국립공원을 다니는 것으로 대체됐다. 나이로비 국립공원은 도시에서 사파리를 할 수 있는 유일한 곳이다. 케냐를 대표하는 마사이마라 국립공원과 규모를 비교할 수는 없지만 하루 종일 다녀도 모자랄 만큼 꽤 넓은 곳이다. 국립공원에 도착하자 가이드는 지도를 펼쳐 들고 우리가 갈 곳을 설명해 주었다. 그러나 아무리 설명을 들어도 넓은 국립공원에서 길을 찾기란 쉽지 않았다.

　아프리칸의 피가 흐르는 가이드의 동물 찾는 기술은 실로 대단했다. 그는 길 가장자리에 있던 버펄로 발자국을 보더니 지나간 시간을 가늠하며 발자국을 따라 자동차를 몰았다. 신기하게도 멀지 않은 곳에 버펄로 떼가 있었다. 가이드는 하나라도 더 알려주고 싶은 마음에 간간이 동물도감을 펼쳐 보이며 각각의 이름과 특성을 설명해 주었다. 지나가는 다른 자동차를 만나면 가이드들은 서로 정보를 교환했다.

"나는 방금 버펄로 떼를 보고 오는 길이야."

"저쪽 웅덩이를 지나면 얼룩말이 있지."

불행히도 국립공원 안에서는 자동차 밖으로 나가는 것이 허용되지 않는다. 대신 자동차의 지붕을 열고 밖을 보는 것은 가능하다. 마른 풀잎 냄새가 나는 바람을 맞으며 눈앞에서 동물들을 보는 기분은 경이로웠다. 약간은 비현실적으로 느껴지기도 했는데, 마치 TV 속에 들어와 있는 기분이랄까.

나이로비 국립공원에는 마사이족 마을도 있다. 마을이라 부르기엔 부족한 몇 채의 집이 있을 뿐이지만 국립공원에 동물뿐 아니라 전통 부족이 살고 있다고 하니 절로 눈길이 갔다. 가이드는 관광객들의 볼거리 제공을 위해 정부에서 이들을 이주시켰다고 설명했다. 그러나 아무리 주변을 살펴봐도 원주민들의 모습을 볼 수는 없었는데, 뜻밖에도 공원 입구에서 그들을 만났다. 그들은 직접 만든 공예품을 팔기도 하고, 관광객과 함께 사진을 찍기도 했다. 물론 '기념사진'인 만큼 모델료를 줘야 했다. 나

이로비 시내까지 돈벌이를 하러 온 마사이족을 보니 어딘지 씁쓸한 마음이 들었다. 이제 얼마 남지 않은 마사이족을 보존해야 한다고 하지만, 어디까지가 보존이고 어디까지가 장삿속이며, 어떻게 하는 것이 그들을 진정으로 위한 삶인지 헷갈리기만 했다.

 오후가 되자 대부분의 동물들이 낮잠을 자거나 자취를 감췄다. 나이로비 국립공원 사파리를 끝내고 가이드는 우리를 악어 농장으로 데려다 주었다. 철조망이 쳐진 우리 안에 얼마나 되는지 미처 다 세지 못할 만큼 많은 악어가 있었다. 농장이라기엔 너무도 상업적이었는데, 알고 보니 악어 고기를 파는 레스토랑에서 운영하는 곳이란다. 식사를 하지 않아도 입장권만 구매하면 악어농장을 구경할 수 있다. 좀 더 이색적인 경험을 하고 싶다면 이곳에서 악어고기뿐 아니라 타조고기와 얼룩말고기도 먹을 수 있다. 내 취향은 절대 아니지만.

애석하게도 그날따라 DSLR 카메라를 가져가지 않았다. 커다란 카메라는 비행 내내 가지고 다니기엔 만만치 않은 짐이기 때문에 특별한 계획을 세운 비행에만 가지고 다녔다. 이번 사파리 투어는 즉흥적으로 결정되었으니 제대로 된 카메라를 준비하지 못했다. 늘 가지고 다니는 작은 똑딱이 카메라로 사진을 찍을 수밖에 없었다.

여행 준비를 제대로 하지 못해 아쉬워하는 사람은 나 말고 한 명 더 있었는데, 바로 부기장 폴이었다. 그는 작은 카메라조차 들고 오지 않았는지 핸드폰으로 사진을 찍으며 안타까워했다. 두바이로 돌아가는 비행기에서 나는 내 사진을 그의 컴퓨터에 옮겨주었다. 내 생애 첫 사파리 투어를 함께 해줘서 고맙다는 말과 함께.

이날 우리는 아프리카 영양, 가젤, 검은 코뿔소, 버펄로, 올리브 개코원숭이, 긴꼬리새, 관두루미 외에도 우리말로는 번역조차 되지 않은 동물들까지 수십 종의 생명체와 조우했다. 비록 한나절이었지만 이날만큼은 시간이 '뽈레뽈레' 지나간 듯하다. '뽈레뽈레'는 스와힐리어로 '천천히 천천히'라는 뜻이다. 너른 땅에서 자연에 그대로 물들어 사는 동물들을 보니 문득 우리가 그들의 자리를 빼앗아 '빨리빨리'를 외치며 사는 것은 아닐까 하는 생각이 들었다. 나무를 베고 건물을 짓고, 길을 닦고 자동차가 활보하는 도시에 그들의 자리는 없다. 적어도 이곳 아프리카에서만큼은 이들이 땅과 흙의, 나무와 하늘의 주인이었으면 한다.

나이로비 시내에서 사파리 투어를 하니, 마사이 마라 국립공원이나 나쿠루 국립공원, 킬리만자로 산이 보이는 암보셀리 국립공원Amboseli National Park의 정통 사파리 투어가 궁금해졌다. 짧게는 3일, 길게는 열흘 이상 이어지는 사파리 투어는 사파리 전용차를 타고 사자, 가젤, 코뿔소와 같은 야생동물의 이동 경로를 따라다니고, 초원에 텐트를 치고 즉석에서 바비큐를 구워 먹기도 한다. 잠시 도시의 삶은 잊어버리고 자연 그대로의 삶을 만끽할 수 있다고 하니, 아직 완전하게 이루지 못한 로망을 위해 언젠가는 다시 한 번 아프리카의 초원을 찾아갈 생각이다. 그때엔 커다란 카메라를 들고서….

#7 행복한 인생, 달콤한 인생

코트디부아르, 아비장

두바이에서 일곱 해를 지내는 동안 나는 2007년과 2011년, 두 번의 봉사활동에 참가했다. 모두 두바이 한인교회를 통해 아프리카 지역으로 선교 봉사를 나선 것이다. 처음 간 곳은 코트디부아르Cote d'Ivoire의 아비장Abidjan이었다.

코트디부아르라는 이름에서 알 수 있듯 이곳은 프랑스의 식민지였다. 영어로는 아이보리 코스트Ivory coast라 불리는데, 상아가 많이 나던 지역의 특징에서 유래한 것으로 보인다. 아프리카의 역사가 그러하듯 이곳 역시 15세기 포르투갈을 시작으로 프랑스와 영국의 침략을 받았으며 1960년이 되어서야 프랑스로부터 독립했다. 하지만 이후에도 무능한 정부와 반군의 계속되는 내전, 불안정한 시국과 가난으로 국민들의 생활은 크게 달라진 것이 없었다. 어느새 사람들은 헐벗은 그들의 삶을 숙명처럼 받아들이며 고통을 견디고 있었다.

사실 코트디부아르로 봉사를 가겠다고 마음먹은 것은 쉽지 않은 결정이었다. 일주일의 휴가를 오롯이 바쳐야 했고, 전기와 물이 풍족하지 않은 곳에서의 생활은 상상하기 어려웠다. 아프리카 비행은 여러 번 경험했지만 내가 묵었던 곳은 그들의 일상과는 동떨어진 모든 것이 풍족한 호텔이었다. 그럼에도 나는 그곳에 가기로 했다. 아마 그때의 나는 무언가가 간절히 필요했던 것 같다.

아비장까지 가는 여정은 만만치 않았다. 두바이에서 출발한 지 5시간 만에 도착한 케냐를 거쳐 다시 7시간을 서쪽을 향해 날아야 했다. 불행히도 일정은 시작부터 꼬였다. 새벽 3시에 출발해야 할 비행기는 카고에 문제가 생겨 아침 7시가 되어서야 출발했다. 정해진 스케줄보다 늦게 도착한 나이로비에서 아비장으로 가는 비행기는 이미 출발한 상황이라 우리는 다시 비행기를 기다려야 했다. 꼬박 하루가 걸려 도착한 아비장은 이미 늦은 밤이었다.

도착한 다음 날은 일요일이었다. 우리는 자동차를 타고 두어 시간을 달려 산속의 교회로 갔다. 아직 건물이 완성되지 않아 창문도 없고 곳곳에는 벽돌이 널브러진 교회에서 사람들은 춤을 추고, 뛰고, 노래를 불렀다. 엉덩이를 흔들고, 손을 잡고, 빙빙 돌며 신 나게 뛰는 모습은 흡사 콘서트를 보는 것과 같았는데, 흥이 많은 그들만의 예배 방식이었다.

일주일간의 짧은 일정 동안 진행했던 가장 큰 프로그램은 어린이 캠프였다. 우리는 아이들을 만나기 위해 학교를 찾았다. 학교 앞 골목에서부터 우리를 기다리던 아이들은 작은 손으로 꽃목걸이를 목에 걸어주고, 큰 목소리로 "웰컴, 웰컴" 하며 우리를 맞았다. 모래로 뒤덮인 골목을 지나 들어선 학교 운동장에 코트

디부아르와 한국 국기를 높이 세우고 첫 수업을 시작했다.

코트디부아르에서 초등학교는 의무교육이다. 하지만 학교가 턱없이 부족한 데다 그나마도 내전과 분쟁으로 인해 문을 닫는 학교가 많아져 학교를 다니는 학생은 75%밖에 되지 않는다. 그래도 이렇게 학교에 나올 수 있는 아이들은 행복해 보였다. 수업을 할 때면 학교 밖 아이들은 창문 옆 깨진 벽돌 틈으로 교실 안을 쳐다보았다. 심훈의 소설 《상록수》에서 교실 안으로 들어오지 못한 아이들을 생각하며 칠판을 교실 밖으로 빼놓았다는 영신의 이야기가 생각났다. 칠판을 밖으로 뺄 수는 없었지만 그 아이들과도 눈을 마주치며 수업을 진행했다. 그러나 교실 안 아이들에게만 초콜릿 과자를 줘야 하는 간식 시간에는 차마 그 아이들의 눈을 바라볼 수 없었다.

오전 수업이 끝난 뒤에는 운동장에서 야외활동을 했다. 특별할 것 없는 사탕 먹기나 림보 같은 게임에도 아이들은 신이 나서 뛰어다녔다. 아예 신발을 벗어 던지고 맨발로 뛰는 아이도 있었다. 새삼 아이들은 다 똑같다는 생각을 했다. 벽돌 사이로 고개를 빼고 보던 학교 밖 아이들은 이제 아예 학교 담장에 올라타 이쪽을 바라보았다. 아이의 큰 눈동자는 부럽다고 말하고 있었다. 그들에게 해줄 수 있는 것이 아무것도 없었던 우리는 마지막 날 마을을 돌면서 동네 사람들을 학교로 초청했다.

마을 사람들은 노란 피부의 외지인을 호기심 가득한 눈으로 쳐다보았다. 마을은 생각했던 것보다 더욱 허름했다. 아이들은 흙과 쓰레기가 엉겨있는 집 사이의 크고 작은 골목길에서 맨발로 뛰어놀고 있었다. 조금 더 큰 학생들은 얇은 천을 댄 모래 바닥에 배를 깔고 책을 보거나 집 앞 담벼락 주위에 모여 앉아 머리를 새로 땋고 있었다.

우리는 이곳저곳으로 흩어져 저녁에 있을 공연의 초대장을 나눠주었다. 마을을 돌기 시작하자 아이들이 하나둘 우리 뒤를 따랐다. 짝도 색도 맞지 않고, 때때로 유명 브랜드의 로고가 그려진 아이들의 옷은 세계 곳곳에서 모인 후원품인 듯했다. 언젠가 보았던 흑백사진이 떠올랐다. 소독차 꽁무니에서 나오는 연기를 쫓아가는 코흘리개 아이들. 우리 모습도 이들과 크게 다르지 않았을 텐데. 짧은 시간 동안 이들과 우리 사이의 격차는 너무나 커졌다.

주민들이 모이자 우리는 두바이에서부터 준비한 공연을 시작했다. 우리가 줄 수 있는 것이라곤 이 시간 속에서만은 그들이 모든 것을 잊고 즐겁게 보내길 바라는 마음뿐이었다. 진심이 통한 것인지 아이들과 주민들은 웃고 신 나게 떠들며 공연을 즐겼다.

아비장에서 만난 사람들은 가난했고, 배고팠고, 배움에 목말랐고, 허물어진 벽에 몸을 뉘이며 살아가고 있었다. 하지만 이들이 불행하거나 불쌍하다고 생각하지 않는다. 가진 것도 배운 것도 없지만 이기심도 욕심도 없기 때문이다. 대신 그들에겐 희망

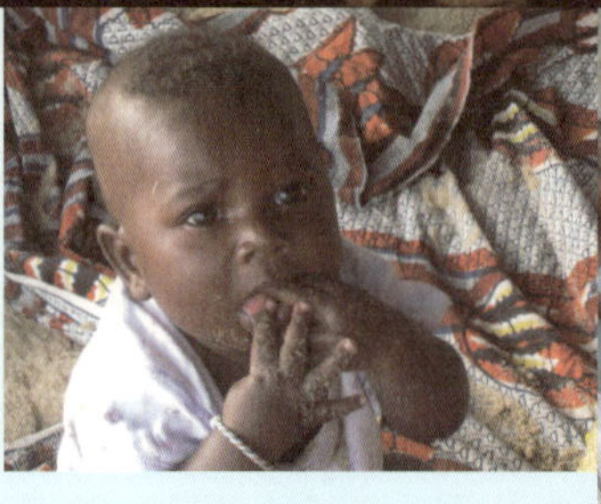

152

나를 스쳐간 바람은 그래도 꿈꾸라고 말했다

과 사랑이 있다.

　때로 나보다 가난한 사람들을 보며 안도하거나 동정심을 느끼지 않았던가. 그렇다면 그들과 비교해 스스로를 월등하게 여기는 자만심도 가진 것은 아닐까. 더 나은 삶, 더 모자란 삶이란 없다. 각자에게 주어진 삶의 방식이 다른 것일 뿐이다. 다만 스스로 얼마만큼의 희망을 안고 살 것인가의 문제다. 나는 그들이 조금이라도 더 많은 희망을 가졌으면 좋겠다. 이는 나 자신에게 바라는 것이기도 하다.

　그들과 나. 과연 누가 더 행복한가? 몸에 익지 않은 아프리카 춤을 추면서 생각해 보았다.

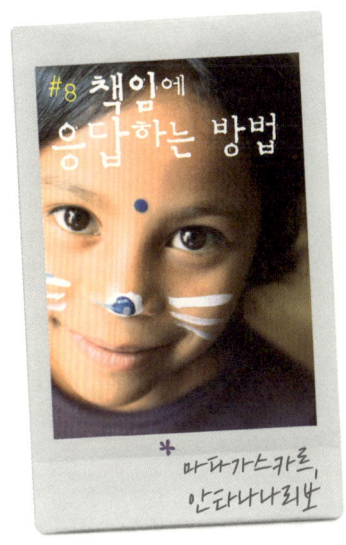

*마다가스카르, 안타나나리보

#8 책임에 응답하는 방법

나의 두 번째 아프리카 봉사는 마다가스카르Madagascar의 수도 안타나나리보Antananarivo에서였다. 우리는 그곳에서 의료 봉사와 학교 수업을 진행했다.

그중 하루는 탁아소를 방문했다. 그곳에는 주변 채석장에서 일하는 사람들의 아이들이 있었다. 탁아소로 가는 길에 커다란 바위산에서 맨발의 사람들이 옹기종기 모여 돌을 깨는 모습이 보였다. 그들이 하루 종일 돌을 깨고 받는 돈은 고작 1~2달러 남짓이다. 그 돈이라도 벌기 위해 부모들은 아직 걸음마도 떼지 못한 아이들을 데리고 채석장으로 향했다. 보육원이나 탁아소는 꿈도 꾸지 못할 형편이었고, 어린아이를 홀로 집에 둘 수도 없었다. 돌가루와 흙먼지 속에 갓난아이를 둔 채 일해야 하는 부모들의 심정은 먹먹했을 것이다. 이들을 본 한국인 선교사가 채석장 옆에 탁아소를 지었다. 탁아소에 맡겨지는 아이들은 계속해서

늘고 있다. 그곳의 선생님들은 아이들이 제대로 된 밥을 먹고 교육도 받으며 여느 아이들 못지않게 크고 있다고 기쁘게 말했다.

탁아소는 최소의 비용으로 최대의 효과를 낼 수 있도록 선교사와 봉사자들이 직접 나무를 자르고 벽돌을 나르며 지어졌다. 자라나는 아이들의 감수성을 위해 담장은 예쁜 꽃으로 둘러져 있었다. 어느 곳이나 꽃이 잘 자라는 마다가스카르의 자연환경은 사람은 힘들어도 꽃쯤이야 어렵지 않게 예쁘게 키워냈다. 이곳을 찾는 한국인 자원봉사자들은 주로 탁아소 안팎을 꾸미거나 아이들을 가르친다. 여러 사람의 손을 거친 탁아소는 아이들과 함께 조금씩 자라고 있었다.

우리 일행 중에는 두바이에서 활동 중인 인테리어 디자이너가 있었다. 유독 업무가 바빠 봉사활동을 위한 사전 미팅에도 거의 참석하지 못한 그녀는 잠잘 시간까지 줄여가며 탁아소를 예쁘게 꾸밀 것들을 준비해 왔다. 아이들의 눈높이에 맞춰 시각적 효과와 재미까지 살린 것들이 가득했다. 일 때문에 사흘밖에 시간을 내지 못했다는 그녀는 이틀간 비행기를 타고 오가며 자신이 베풀 수 있는 모든 것을 주고 가려는 듯 누구보다 열정적이었다.

언젠가 읽었던 책에서 프랑스 철학자 자크 데리다Jacques Derrida는 우리가 짊어져야 할 지구 반대편 사람들에 대한 '책임(Responsibility)'을 몇 개의 철자를 바꿔 '응답(Respondability)'이라 말했다. 만약 당신의 동생이 신발이 없어 맨발로 걸어가야 한다면 당신은 아마 자신의 신발이라도 벗어서 신고가게 할 것이라고 했다. 동생에게 신발을 내주는 행위를 타인의 고통에 대한 '응답'이라고 그는 설명했다.

나는 그의 글을 읽고 과연 내가 타인의 고통에 응답할 방법은 무엇인지 고민해보았다. 신문이나 뉴스를 통해 용기 있는 몇몇 의사들이 아프리카에서 사람들을 치료한다는 식의 이야기는 특별한 재주가 없는 나를 주눅 들게 했다. 그들에게 아무런 응답도 할 수 없을 것 같은 무기력함만이 내 안에 남았다.

하지만 이곳 마다가스카르에 온 사람들은 누구보다 충실히 책임에 응답하고 있었다. 탁아소의 교육 프로그램을 설계한 사람은 지난해 6개월간 머물다 간 유치원 선생님이었다. 대학생들에게 컴퓨터를 가르치고 있는 젊은 청년 둘은 아직 대학에 다니는 공학도다. 탁아소를 밝게, 그리고 즐겁게 꾸며준 것은 나와 함께 온 인테리어 디자이너다. 모두 평범한 사람들이다. 하지만 각자 자신의 위치에서 할 수 있는 일들로 그곳의 사람들에게 응답하고 있었다. 여전히 풀어야 할 숙제가 많지만 나는 그들을 통해 조금의 힌트를 얻을 수 있었다.

이제 탁아소는 아이들을 보내고 싶은 부모들이 멀리서 찾아올 정도로 유명한 곳이 되었다. 잿빛의 채석장과 흙먼지가 전부였던 아이들의 미래가 알록달록한 꽃처럼 다채로운 것들로 채워지기 시작한 것이다.

어느새 마다가스카르에서의 일주일이 가고 마지막 밤이 되었다. 나는 잠을 이룰 수가 없었다. 이곳은 지구 어느 곳에서도 볼 수 없는 아름다운 밤하늘을 가지고 있다. 깜깜한 밤 비행을 할 때, 하늘에서 땅을 내려다보면 그들의 삶이 불빛 하나로 극명하게 대비된다. 어느 도시는 밤하늘에 수놓은 별처럼 불야성을 이루며 밤도 낮과 같이 환하게 빛나는가 하면, 어떤 곳은 칠흑 같은 암흑으로 뒤덮여 있었다. 불빛을 보고 있자니, 세상으로 나오는 선택은 누구에게 있는 것일까, 하는 어리석은 생각이 들기도 한다. 누군가는 환한 병원의 불빛 세례 속에서, 누군가는 지하

동굴 같은 어둠 속에서 태어난다. 그것은 태어난 사람의 선택은 아니었을 것이다. 그럼에도 불구하고, 우리는 태어난 곳에서 살아야 한다. 운명이라는 이름 아래. 내가 밤도 낮처럼 환한 서울이 아니라, 이곳에서 태어났다면 나는 내 운명을 저주하며 돌을 깨고 있을까, 아니면 어쩔 수 없는 운명을 받아들이며 지루한 삶을 살고 있을까.

그날 밤 나는 숙소 앞 커다란 뜰에 드러누웠다. 오랜만에 내려다보는 하늘이 아니라 올려다보는 하늘을 만끽하고 싶었다. 숙소로 올라가 침낭을 가져와 바닥에 깔았다. 하늘을 가득 채운

별들이 빛나고 있었다. 먼 옛날 동방박사들의 이정표였던 별도, 점성술사들이 하늘의 뜻을 점치던 별도, 알퐁스 도데의《별》에 나오는 양치기 소년과 함께 밤을 지새웠던 별도 이렇게 빛나던 별이었을까? 어느새 시간이 멈춘 곳에서 그들과 함께 서 있는 듯했다.

내 질문에 대답이라도 하듯 하늘이 별똥별 하나를 떨어뜨렸다. 별은 생의 마지막을 우아하게 장식하고 싶은 욕망을 오래도록 보이며 길고 아름다운 꼬리를 그리듯 하늘을 가로질렀다. 하늘에서 눈을 떼지 못하는 사이 주변으로 아이들이 하나둘씩 모여들었다. 그동안 봉사활동을 함께한 청소년부 아이들이었다. 그들도 마다가스카르에서의 마지막 밤을 그냥 보내기가 아쉬운지 내 시선을 따라 하늘로 눈길을 주었다.

"별똥별이다!"

아이들은 신기한지 소리를 질렀다. 하긴 나도 신기하기는 마찬가지였다. 허나 그들은 감정을 숨김없이 솔직하게 잘도 표현했다.

"선생님, 소원 빌었어요?"

그러고 보니 소원을 깜박했다. 소원을 빌어야 한다는 생각을 하니 떨어지는 별똥별에 대고 비는 소원임에도 머릿속은 재빠르게 셈을 하고 있었다. 그러다 아이들의 천진한 눈동자를 보니 가슴이 뜨끔했다. 마다가스카르에 봉사를 하러 왔다면서 무슨 요행을 바라는 건지, 한심한 생각이 들었다. 마음속 욕심을 내려놓고, 그저 이 아름다운 마다가스카르에도 행복과 평화가 풍요와 희망이 깃들기를 기도했다.

 10개의 별똥별을 보고 나면 컵라면을 끓여 먹자던 아이들은 약속한 별똥별이 모두 머리 위로 지나가자 20개로 늘렸다. 이곳에서라면 누구라도 눈앞에 펼쳐지는 황홀한 순간을 놓치고 싶지 않을 것이다. 두 번째 약속대로 20개의 별똥별이 하늘에 줄을 긋고 나자 아이들이 쟁반 가득 컵라면을 가져왔다. 한 달 전 봉사활동 준비를 위해 처음 만났을 때만 해도 쭈뼛거리던 아이들이었는데, 마다가스카르에 온 일주일 사이 부쩍 큰 모습이었다.

 쏟아지는 별빛 아래서 후후 불어먹는 라면 맛은 단연 최고였다. 좋은 곳에서 좋은 사람들과 함께이기 때문이다. 음식 맛은 누구와 함께하느냐가 중요한 법이니까. 라면을 먹는 동안에도 별은 간간이 소리도 없이 어둠 속으로 스며들어 갔다. 우리는 라면을 다 먹고도 5개의 별똥별을 더 세었다. 마다가스카르에서의 지난 일주일을 되새기며.

아디스아바바Addis Ababa, 아크라Accra, 라고스Lagos, 다카르Dakar, 엔테베Entebbe, 카르툼Khartum. 처음 듣는 듯 생소하게 느껴지는 이 단어들은 모두 아프리카에 있는 도시 이름이다. 승무원들이 반드시 알아야 할 것 중 하나가 자신의 항공사에서 운항하는 국가와 도시의 정확한 명칭이다. 나 역시 비행 초기에는 아프리카를 비행할 때면 나라 이름을 기억해내야 했다. 아디스아바바-에티오피아, 아크라-가나, 라고스-나이지리아, 세네갈-다카르, 우간다-엔테베, 수단-카르툼. 이제 가는 곳이 좀 더 명확해진 기분이다.

아프리카의 도시는 익숙지 않은 이름만큼 호기심을 자극하는 곳이다. 그러나 불행히도 대부분의 아프리카 체류는 특별함보다 긴장감이 우선이었다. 알제리나 수단, 나이지리아 같은 나라는 치안 상태가 좋지 않았고, 젊은 동양 여자가 다니기엔 위험한 곳이었다. 회사는 승무원 스스로 신변 안전에 유의하도록 당부했기에 웬만해선 외출을 하지 않았다.

비행 초기에는 그런 줄도 모르고 동료들과 함께 엔테베 시내를 구경하기도 했다. 호텔에 도착해 재빨리 옷을 갈아입고 호텔 직원에게 갈만한 곳을 물어보았다. 아프리카 공예품을 파는 곳이 있는지도 궁금했다. 얼마 전 남아프리카공화국의 요하네스버그에서 미처 사지 못한 물건들이 생각났기 때문이다. 직원은 지도를 복사해주면서 가까운 크래프트 마켓Craft Market(직접 만든 공예품을 파는 시장)을 알려주었다. 우리는 지도를 손에 쥐고 무작정 길을 나섰다.

그러고 보니 함께 구경에 나선 사람들 모두 엔테베에 대해 아는 것이 많지 않은 신입 크루들이었다. 초행길이라 살짝 긴장했지만 막상 길을 나서니 아무도 우리에게 관심을 두지 않았다. 그렇다고 호의적이지도 않았다. 두리번거리며 조심스레 걷는 이방인에게 엔테베의 길거리는 카오스 그 자체였다. 찻길 옆 인도는 작은 보자기 같은 천들이 펼쳐진 채 길게 늘어서 있어 발걸음을 옮기기도 어려웠다. 보자기 위에는 관광객이 구입하기엔 애매한 볼펜이나 칫솔, 작은 손거울 같은 생필품이 드문드문 자리했다. 딱히 눈길이 가지 않는 것들이지만 물자가 부족한 그들에겐 볼펜 한 자루도 상품이 될 만한 물건인 듯했다.

보자기 위의 볼펜을 보니 얼마 전 아크라에서 두바이로 돌아가는 비행에서 만난 케이터링catering 아저씨의 얼굴이 떠올랐다.

기내식이 가득 담긴 카트를 갤리로 운반하던 그는 내가 카트를 열어보고 메뉴 카드에 적힌 수량과 대조하는 모습을 힐끔힐끔 쳐다봤다. 아저씨는 몇 차례 더 카트를 운반한 뒤 마지막 카트까지 확인을 모두 끝나고 종이에 사인하는 내 손을 뚫어져라 쳐다보았다. 그러더니 마지막 기회다 싶었는지 어렵사리 뜸을 들이며 말을 꺼냈다.

"그 볼펜 나 줄래요?"

"볼펜이요? 볼펜이라면…"

나는 승객들을 위한 기내용 볼펜이 실린 컨테이너를 뒤적이며 말했다.

"아니요. 지금 들고 있는 그 볼펜 말이에요. 이번에 막내딸이 학교에 입학했거든요. 선물로 주고 싶어서요."

손에 든 볼펜은 휴가차 서울에 갔을 때 친구가 선물한 것이었다. 펜 끝에 앙증맞은 갈색 곰이 달려 확실히 눈에 띄었다. 나에게도 의미 있는 것이라 선뜻 주겠다는 말이 나오지 않았지만 한국에서는 손쉽게 구할 수 있는 물건이었다. 아쉬워하는 내 마음이 들키지 않도록 더 큰 미소를 지으며 그에게 볼펜을 건넸다.

"딸이 좋아했으면 좋겠네요."

기내에서 사용하는 볼펜 몇 자루도 함께 그의 손에 쥐어주며 말했다.

저 보자기 위에 물건들도 저마다의 사연이 있을지 모른다. 꽤

시간이 흐르도록 아무도 관심을 두지 않았는지 뽀얀 흙먼지가 쌓여 있었다. 나에겐 쉽게 쓰다 버리는 흔한 물건이었지만 알록달록한 보자기에 가지런히 놓여 있는 것들은 새로운 이야기를 만들어갈 누군가를 기다리고 있었다.

작은 시골 장터 같은 풍경 사이를 지나 큰길을 건너니 공예품 가게가 보였다. 요하네스버그의 공예점보다 작지만 원색의 화려함에서 아프리카의 전통 분위기가 물씬 풍겼다. 가게는 나무로 깎아 만든 체스판과 목각인형, 재활용 천을 이용한 아프리카 인형과 화려한 무늬의 전통의상으로 빼곡했다.

그러나 내 시선은 공예품이 아니라 주인아줌마 품에 안긴 아기에게로 향했다. 백일을 갓 넘긴 듯한 아기의 커다랗고 동그란 눈, 두루뭉술하고 납작한 코, 톡 튀어나온 이마와 머리통, 여기에 꼬불거리는 머리카락까지…. 세상 모든 아기들이 다 예쁘지만 장난기 가득한 아프리카의 아기들은 특별히 사랑스럽다.

아직 목도 가누지 못하는 작은 아이는 가만히 엄마 품에 안겨 있었다. 어딘지 모르게 불편해 보이는 아이의 모습은 아직 젊은 엄마가 아기 안는 법에도 능숙하지 못하다는 것을 알려주었다. 아기의 목을 받쳐줘야 한다는 걸 모르는지 그녀가 아기를 안고 있는 폼이 영 어색했다.

아기의 이름은 조나단이었다. 꼬물거리는 손가락이 너무 예뻐서 조나단의 작은 손을 잡고 장난을 치며 놀기 시작했다. 젊은 엄마는 아기를 안아보라는 듯 조나단을 내 품에 밀어 넣었다. 나는 멋쩍어하며 두 손으로 아기를 살포시 안았다. 너무 조그마해서 엄마와 떨어져서는 한시도 살아갈 수 없을 것 같은 여린 생명체가 내 품에서 어쩔 줄 모르겠다는 듯 꼼지락거렸다. 이렇게 작은 아기를 안아본 적 없는 나도 조금은 어색했다.

"아기가 너무 귀여워요. 지금껏 본 아기 중에 가장 예쁜걸요."
"그럼, 조나단을 데려갈래요?"

아기 엄마가 말했다. 농담이겠거니 하고 웃어넘기는데 그녀의 얼굴이 사뭇 진지했다. 아기를 안고 있을 땐 그저 젊은 엄마라고 생각했다. 그런데 가만히 보니 그녀는 이제 막 소녀티를 벗은 듯 앳돼 보였다. 어린 나이에 엄마가 됐다는 삶의 무게 때문인지, 가난 때문인지, 아니면 아이의 미래를 생각했기 때문인지는 몰라도 그녀의 진지함에 마음이 아렸다. 그녀보다 조금 더 나은 돈벌이를 하고 있을지는 몰라도 나 역시 누군가의 인생을 책임질 만한 형편은 되지 못했다.

그녀를 위해 내가 할 수 있는 일이라곤 상점 안의 물건을 사는 게 전부였다. 그러나 짧은 고갯짓 한 번이면 모두 둘러볼 수 있는 이곳에는 딱히 살만한 것이 없었다. 찬찬히 가게를 둘러보

던 중 인형 하나가 눈에 들어왔다. 아프리카 여성이 포대기에 아기를 업고 있는 인형이었다. 조나단을 안은 그녀와 묘하게 닮아 있었다. 누군가 입었던 옷을 빨지도 않고 그대로 만들었는지 인형이 입은 옷 곳곳이 얼룩져 있었다. 마땅히 살 만한 걸 찾지 못한 나는 결국 인형 몇 개를 선택했다.

가게를 나서기 전 조나단의 엄마와 그녀의 친구들의 사진을 찍었다. 가게에 들어섰을 때부터 내 카메라에 관심을 가졌던 터였다. 그녀들에게 자신이 가진 아름다움을 알려주고 싶었다. 카메라를 들이밀자 어색한 듯 쑥스러워하면서도 시원하고 환한 미소를 보냈다. 사진을 찍어 보여주니 그녀들은 자신의 모습을 유심히 보았다. 화면 속 자신의 모습이 조금은 낯선 모양이었다. 그러나 이내 아이처럼 깔깔거렸다.

인형은 그날처럼 얼룩이 묻은 치마를 입고 아기를 업은 채 내 방 책장 위에 있다. 인형을 보고 있으면 커다란 조나단의 눈이, 진지하게 아이를 데려가라고 말하던 그녀의 눈이 떠오른다. 짧지만 강렬한 추억은 결국 그들에게 큰 도움이 되지 못했다는 씁쓸함이 되어 줄곧 따라다녔다.

볼펜 한 자루가 귀중한 소박한 사람들이지만 세대를 이어 끊임없이 앞을 향해 나아가는 역동적인 아프리카. 그곳에서 만난 꾸밈없는 눈망울은 언젠가 아프리카를 아름답게 피워낼 것이란 희망의 증거였다.

#10 나는 여전히 헤매는 중이다

*요르단, 암만

어디서부터 시작되었는지 전혀 기억나지 않지만 비행 중 우리의 이슈는 이스라엘과 요르단의 분쟁으로 이어졌다. 아마도 내가 이번 휴가에 요르단과 이스라엘을 여행할 것이란 이야기 때문이었던 것 같다. 그날 나는 처음으로 팔레스타인 사람을 만났다. 승객이 아닌 함께 일하는 크루였다. 브리핑을 할 때 보았던 승무원 명단에는 이브라힘의 국적이 요르단이라 쓰여 있었다. 그는 자신을 요르단에 사는 팔레스타인 사람이라고 소개했다. 나에게 그들은 신문기사와 뉴스 속에서나 등장하는, 어딘가 존재하지만 보이지 않는 실체 같았다.

1948년 아랍과 이스라엘 사이에 일어난 전쟁은 서방세력을 등에 업은 이스라엘의 승리로 끝났다. 나라를 잃은 팔레스타인 사람들은 하루아침에 자신의 땅에서 쫓겨나 시리아, 요르단, 레바논 등 가까운 나라로 뿔뿔이 흩어졌다. 그중에서도 요르단에 가장 많은 난민이 거주하고 있다.

　이브라힘의 말에 따르면 요르단에 사는 대부분의 난민들은 난민 등록이 되어 있어 시민권(물론 꽤 오랜 시간이 걸렸다)을 보장받는다고 한다. 허나 실생활은 결코 평등한 삶이 아니었다. 투표권과 같은 정치적 권리나 재산 소유 등의 경제적 권리는 보장받을 수 없기 때문이다. 문제는 이런 난민뿐 아니라 난민 등록을 할 수 없는 가자Gaza에서 유입된 사람들이다. 난민증이 있어야 일도 하고 학교도 다닐 수 있는데, 불심검문에서 난민증이 없는 사람들은 추방당한다고 한다. 60년 넘게 난민으로 살아가고 있는 사람들의 삶은 자신의 나라를 잃고 이웃 국가로부터 눈총을 받는 서글픔과 외로운 싸움으로 이루어져 있다.

　그날 논쟁의 초점은 이스라엘이 팔레스타인을 불법 점령한 것이었다. 사실 나는 이브라힘의 이야기를 매우 흥미롭게 듣고 있었는데, 옆에 있던 호주인 멜라니가 끼어들었다.

　"원칙을 따지자면 팔레스타인 지역은 이스라엘 땅이었잖아. 그렇다면 원래 주인에게로 돌아가야 하는 게 맞지."

　"멜라니, 그럼 호주에 사는 너희도 영국으로 돌아가야 하는 거 아니니? 그 땅도 원래는 원주민들의 것이었으니까. 이건 간단한 문제가 아니야. 그곳은 오랫동안 우리가 살아온 곳이야. 그런데 하루아침에 쫓겨나 남의 땅에서 살고 있다고."

　"우린 호주에 정당하게 들어갔어. 지금도 원주민들과 함께 공

네가 가진 땅과 집이
하루아침에 공중분해 된다면 기분이 어떨 거 같아?
돌아갈 곳이 없는 기분이 어떻겠느냐는 말이야

존하며 잘 살고 있고."

"나는 그들이 나가는 것은 기대하지 않아. 다만 우리도 권리를 보장받고, 자유롭게 다닐 수 있기를 바라는 것뿐이야. 멜라니, 네가 가진 땅과 집이 하루아침에 공중분해 된다면 기분이 어떨 거 같아? 돌아갈 곳이 없는 기분이 어떻겠느냐는 말이야."

둘을 둘러싸고 있는 공기는 점점 더 차가워져, 우리가 들어갈 틈조차 허락하지 않았다. 멜라니는 팔레스타인 사람인 이브라힘 앞에서도 이스라엘을 두둔할 정도로 강경한 태도를 보였다. 일부 극단주의자들의 테러나 폭력적인 시위를 앞세우며 마치 모든 팔레스타인 사람들이 그러하다는 듯 말했다. 가만히 이야기를 듣고 있던 우리도 그녀의 흑백논리에 기가 찰 정도였다. 상대를 존중하지 않고 말하는 멜라니에게 이브라힘이 폭발하는 것은 어쩌면 당연한 상황이었다. 하지만 그는 냉정을 잃지 않고 멜라니의 이야기를 차분히 들어주었다. 혼자 흥분한 채 이야기하는 상황이 민망했던지 멜라니는 이야기를 마무리하지도 않고 황급히 자리를 떴다. 남은 사람들 모두 이브라함을 위로했다. 그는 이런 상황이 익숙한 듯 별다른 반응을 보이지 않았지만, 나는 못내 그가 신경 쓰였다.

논쟁은 땅의 소유권이 아닌 서로의 이해 부족에서 시작됐다. 멜라니는 다른 사람의 처지나 상황을 전혀 이해할 생각이 없는 듯했다. 커피를 다 마신 이브라힘이 이코노미 클래스로 내려가고 나서야 나는 퍼서에게 말했다.

"어쩜 멜라니도 저렇게 안하무인일 수 있는지. 설령 자신이 그렇게 생각한다 해도 사람을 앞에 두고 그렇게까지 말할 건 없잖아."

퍼서는 동의한다는 건지, 이해할 수 없다는 건지, 어깨를 으쓱해 보였다.

그러나 나 역시 무조건 멜라니를 비난할 수는 없었다. 이브라힘의 이야기를 듣기 전까지 나도 비슷한 생각을 하고 있었으니까. 이스라엘이 누군가의 침략자라는 생각을 심각하게 해본 적이 없었다. 이스라엘과 레바논, 이라크 등 중동 근방에서 일어나는 전쟁에서 이스라엘은 피해자라는 생각이 지배적이었던 것 같다. 아마도 기독교인으로서 이스라엘이라는 국가에 가지고 있던 심리적 거리감이 가까워서였을지도 모르겠다. 아이러니하게도 멀리 아시아 끝 한국에 사는 나에게 이스라엘은 친숙했지만, 무슬림은 테러리스트라는 생각이 지배적이었고, 가자지구나 팔레스타인이라는 단어는 그러한 부정적인 이미지와 결합되어 있었다.

이후 에미레이트 항공사에 입사하면서 중동 지역인 두바이에서 생활하게 되었지만 변한 것은 없었다. 주변에서 벌어지고 있는 일들에 무관심하고, 무지했던 탓이다. 그날처럼 이브라힘이 내 무지를 깨우쳐주는 일이 없었다면 나는 여전히 우물 안 개구

나를 스쳐간 바람은 그래도 꿈꾸라고 말했다

리 마냥 편협한 시각을 고수하고 있었을 것이다. 멜라니처럼.

  2013년 팔레스타인이 이스라엘에 나라를 빼앗긴 지 65년이 되었다. 오랜 세월이 흐르는 동안 팔레스타인 난민캠프에는 벌써 3~4세대가 대를 이어 생활하고 있다. 이스라엘은 대한민국 정부가 수립된 1948년에 건국되었다. 만일 우리가 아직도 일본으로부터 독립하지 못했다면 우리도 팔레스타인 사람들과 같은 신세가 되었을까?

  나는 여전히 삶이라는 지도를 펼쳐놓고 길을 찾아 헤매는 중이지만, 그것이 부끄러운 적은 없었다. 하지만 이날만큼은 우리 할머니, 할아버지가 일제 치하에서의 잔혹하고 팍팍했던 삶의 고통을 어렵게 이겨냈음을 잊고 있던 자신에게 한없이 부끄러웠다.

#1 인생은 연극, 가면을 써라

* 이탈리아, 베니스

봄의 시작을 알리는 유럽의 1, 2월은 다양한 카니발이 열린다. 사순절이 시작되기 전 즐겁게 놀아보자는 생각 때문이다. 사순절은 부활절 40일 전에 예수의 고난을 기억하는 기간이다(오래전부터 기독교를 받아들인 유럽에서는 기독교의 절기를 아는 것만으로도 유럽 축제를 이해하기가 쉬워진다). 이 기간에 사람들은 고기와 술, 쾌락을 멀리하고, 금욕과 금식의 생활을 했다. 유럽의 흥겨운 카니발과 크고 작은 축제들이 몰린 이 시기는 사순절을 앞두고 미리 신 나게 즐겨두자는 보상심리에서 출발한 셈이다. 과거의 사람들이 그랬다는 거다. 요즘에는 이를 지키는 사람을 찾아볼 수 없지만, 페스티벌은 오히려 더 성대해졌다.

흔히 세계 3대 카니발로 브라질의 리우 카니발과 이탈리아의 베니스 카니발, 프랑스의 니스 카니발을 꼽는다. 그중 베니스 카니발은 베네치아 특산품인 마스크를 쓰고 중세시대의 옷을 입

고 퍼레이드를 펼치는 것으로 유명하다. 가면 축제는 귀족과 평민들이 신분에 구애받지 않고 무도회를 즐긴 데서 유래한 것으로, 가면은 신분과 계층을 숨기고 모두를 평등하게 만드는 유일하고 중요한 수단이었다.

카니발 기간 중의 베니스는 도시 전체가 무대다. 화려한 의상과 가면을 쓴 사람들뿐 아니라 거리와 상점에도 구석구석 볼거리가 넘친다. 남자인지 여자인지, 젊은이인지 노인인지, 자신의 모습을 가면 뒤에 감춘 사람들이 멋들어진 걸음걸이로 광장과

삶은 하루하루가 축제다

골목을 누빈다. 나는 이를 보기 위해 매년 베니스 카니발의 날짜를 확인하고 그에 맞춰 베니스 비행을 신청했다. 몇 차례 탈락하고 나서야 운이 좋게도 카니발에 맞춰 비행할 수 있었다.

카니발이 아니더라도 베니스는 내가 가장 좋아하는 비행 중 하나다. 처음 베니스에 간 것은 부모님과 함께였다. 어버이날 선물로는 잊히지 않을 봄날의 베니스는 중세 도시의 화려한 모습을 뽐내기에 충분했다. 여기저기 만개한 꽃과 나무, 깃털 달린 형형색색의 가면과 운하를 잇고 있는 수백 개의 다리, 눈부신 햇살 아래 반짝이는 물결까지…. 싱그러운 여인 같은 봄날의 베니스는 언제나 내 가슴을 두근거리게 하는 낭만적인 곳이다.

반면 겨울의 베니스는 또 다른 얼굴을 보여준다. 우울한 하늘과 색이 바래고 벽이 떨어져 나간 누런 건물은 젊은 날의 풋풋함이 사라진, 지나온 세월만큼이나 세상을 알아버린 닳고 닳은 중년의 쓸쓸함이 느껴진다. 그곳을 지나가는 사람들도 어딘지 생기를 잃은 듯해 보인다. 나는 세월의 흔적을 숨김없이 보여주는 그 모습이 오히려 더 좋다. 어두운 하늘 아래, 우중충한 골목길에서 코트 깃을 세우고 시가를 입에 문 이탈리아 마피아를 만날 것 같은 날 말이다. 베니스 카니발은 그런 날에 벌어진다.

카니발이 시작되면 베니스 골목마다 중세풍의 진뜩 부풀린 드레스를 입고 커다란 깃털장식을 빳빳이 세운 가면을 쓴 여인과 그보다 더 과장된 코스튬을 한 사람들이 있다. 베니스 섬 전

체는 카니발을 위한 훌륭한 배경이 된다. 카니발을 즐기기 위해 굳이 어느 곳을 찾아갈 필요도 없다. 여기저기 작은 골목들과 다리 위, 크고 작은 광장에는 어김없이 축제를 만들어가는 사람들을 만날 수 있다. 베니스 카니발은 마을 사람들이 모두 함께 만들어가는 축제다. 1년 내내 준비해 온 의상을 입고 누가 누구인지 알아볼 수 없는 가면을 쓰고 자신과 타인을 즐겁게 하는 것이다.

그러니 멀리서 온 이방인이라도 아무 가게에 들어가 가면 하나를 쓰고 나와 축제를 즐기면 된다. 나는 동료와 함께 가면 하나를 사서 얼굴을 가렸다. 비록 의상은 준비하지 못했지만 가면을 쓰고 나니 왠지 나도 카니발에 참여하는 기분이 들었다.

산마르코 광장에 도착하니, 골목에서 만난 사람들이 모두 모여 있었다. 옷은 저마다의 개성과 메시지를 표출했다. 광장 옆으로 늘어선 카페에는 중세시대를 재현하듯 멋지게 분장한 사람들이 모여 차를 마시고 있었다. 그들이 DSLR 같은 커다란 카메라를 들고 서로를 찍어대지만 않았다면, 나는 현실인지 과거인지 알 수 없는 타임머신을 타고 온 듯 착각에 빠질 뻔했다. 다행히 그들은 자신이 어느 세계에 속하고 있는지 매우 잘 알고 있었기에, 관광객 하나쯤은 그런 꿈을 꾸지 않게 만들 현명함을 가지고 있었다.

카니발의 마지막 날 산마르코 광장에서는 가장 훌륭한 가면과 의상으로 치장을 한 사람을 뽑는 행사가 있다. 불행히도 내가 간 날은 카니발이 아직 며칠 더 남아 있어 올해의 베스트 드레서를 확인하지는 못했다. 하지만 광장에는 자신을 최대한 어필하기 위해 모여든 사람들이 자리를 지키고 있었다. 평소에는 사진을 찍으면 불쾌감을 표출하던 베니스 시민들도, 돈을 주어야만 포즈를 취해주던 코스프레를 한 사람들도 이날만큼은 모두에게 관대했다. 그들은 함께 사진을 찍어주고 기꺼이 카메라의 피사체가 되어주었다.

가면은 그들을 감추고 있기에 그네들이 어떤 사람들인지 알 길이 없다. 어쩌면 그들도 베니스 축제를 즐기러 온 관광객 중의 하나였을지도, 아니면 누가 가장 많이 사진에 찍히는지 그들끼리 내기를 했을지도 모른다. 그래서 평소보다 더 친절한 것일 수도 있지만 덕분에 대접받는 기분이 나쁠 리 없다.

베니스의 밤이 고요해질 무렵 우리는 벨리니(르네상스 초기에 활동했던 화가 조반니 벨리니Giovanni Bellini의 이름을 붙여 만든 칵테일)로 유명한 Hary's bar에서 가면을 벗어 던지고 달콤하게 마지막 잔을 들이켰다. 베니스의 밤은 현재의 것인지, 중세의 그것인지 모르게 가면을 쓴 사람들의 웃음 속에서 조용히 깊어만 갔다.

비키니를 입고 뜨거운 태양빛에 살을 태울 것도 아닌데 별 볼일 없는 2월의 니스에 찾아올 사람이 누가 있으랴 생각하겠지만, 니스의 겨울은 여름의 그것만큼이나 뜨겁다. 니스에서 열리는 카니발 때문이다. 니스 카니발은 내가 본 것 중에 단연코 가장 신 났던 카니발이었다.

내가 니스에 갔던 2009년은 125번째 니스 카니발이 진행 중이었다. 그해 2월에는 세 차례의 니스 비행이 있었지만 카니발 일정에 맞는 것은 아쉽게도 딱 하루뿐이었다. 축제는 13일부터 시작되어 3월 첫째 날에 끝나는 2주간의 일정이었고, 내 비행은 축제 전에 있었다. 다행히 마지막 니스 비행은 카니발 기간에 걸쳐 있었다. 그러나 100% 퍼레이드에 당첨된다는 보장이 없어 조마조마한 마음으로 퍼레이드 일정을 확인해야 했다.

니스 카니발은 퍼레이드 내내 꽃 세례를 받는다는 '플라워 퍼레이드'와 메인 퍼레이드인 '카니발 퍼레이드', 조명과 함께 밤에 펼쳐지는 '라이트 퍼레이드Parade of Lights'로 구성되어 있다. 퍼레이드는 매일 행해지는 것도 아니고, 그렇다 하더라도 세 가지 모두 펼쳐지는 날은 거의 없으니 미리 일정을 확인하는 것이 좋다. 내가 간 날은 불행히도 밤에 하는 라이트 퍼레이드만 있는 날이었다. 때문에 낮에는 니스 해변을 따라 있는 프롬나드 데장글레 Promenade des Anglais(영국인의 산책로)에 설치되어 있던 관람석을 보고 아쉬운 입맛만 다셔야 했다.

대신 니스 구석구석을 돌아다니며 밤이 되기를 기다렸다. 2월의 니스는 겨울이지만 부드러운 햇살과 온화한 기후를 만끽할 수 있다. 도시는 이미 카니발이라는 대책 없이 신 나고 무모하리만큼 즐거운 분위기에 휩싸여 있었다. 니스의 작은 가게들도 카니발의 마스크로 장식하고 손님들을 끌어들였다. 영국인의 산책로에 있는 마세나 박물관Musee Massena에서는 니스의 역사와 함께 카니발의 역사를 볼 수 있다. 시대별로 걸린 니스 카니발의 포스터는 오래되었음에도 빈티지한 예술성과 니스의 매력을 충분히 어필했다. 3층의 이탈리아 스타일로 지어진 마세나 빌라, 그곳 창가에서 바라보는 니스 해변의 모습은 박물관에 걸려있던 100여 년 전의 니스 바닷가 풍경과 크게 다르지 않았다.

해가 저물어가자 마세나 광장으로 향하는 사람들이 보였다. 나는 무리에 섞여 광장으로 향했다. 아직 퍼레이드를 시작하려면 좀 더 있어야 했음에도 이미 관람석은 사람들이 가득 메운

상황이었다. 티켓을 구하지 못한 나는 조금이라도 좋은 자리를 잡으려 관람석 아래로 비집고 들어갔다. 너그러운 니스 카니발은 좌석을 구하지 못해도 얼마든지 광장에서 퍼레이드를 볼 수 있다.

해마다 진행되는 니스 카니발은 전통에 따라 매년 특정 테마의 왕을 주제로 내세운다. 퍼레이드의 내용과 의상, 마차들의 장식 모두 이 하나의 주제에 맞게 만들어진다. 125회 니스 카니발의 주제는 '가면무도회의 왕'이었다. 거대한 형상의 왕의 수레가 마세나 광장에 도착하면 축제가 시작된다. 베네치아 마스크부터 아프리카 원주민들의 가면, 익살맞은 가면을 쓴 다양한 인형들의 퍼레이드가 이어졌다.

니스 카니발은 마을 사람들이 준비하고 이끌어가는 만큼 행렬에 참여하고 있는 어린아이들의 모습도 볼 수 있었다. 아이들은 카니발의 주인공이 되어 누구보다도 신 나는 얼굴로 축제를 즐기고 있었다. 삼바 춤을 추는 브라질 댄서들, 애크러배틱을 하던 곡예사, 흥을 돋우는 기악단, 꽃가루와 휴지를 쏘아대던 무용수들까지 그야말로 카니발의 분위기를 한껏 올려주는 퍼레이드였다. 그 어떤 카니발보다 많은 볼거리를 보여주는 퍼레이드가 아닐까 싶을 정도로.

아쉬운 것은 카니발의 마지막 날 '카니발의 왕'의 화형식을 보지 못한 것이다. 축제의 시작을 알린 거대한 형상의 왕을 태우는 것으로 축제는 막을 내린다. 커다란 인형을 만드느라 얼마나 많은 사람들이 고생했는지는 차치하더라도, 인형을 불태워버린다니 아까운 마음이 드는 건 나뿐인가 보다. 사실 이 의식은 카니발의 왕을 재물 삼아 지난해의 불행을 끊고 재앙을 몰아내고 새 봄을 맞이하겠다는 의지가 깃든 것이다. 화형식과 함께 성대한 불꽃놀이도 열린다고 하니 축제가 끝나는 아쉬운 마음을 달래기에는 그만한 것이 없을지도 모르겠다.

유럽은 겨울이 되어도 열정만큼은 식지 않는다. 이곳의 사람들은 카니발로 열정을 표출하고 일상에서의 탈출을 꿈꾼다. 겨울은 그렇게 지나간다.

인생은 축제 같은 것.
하루하루를 일어나는 그대로 살아가라.
길을 걷는 아이가 바람이 불 때 온몸에 꽃잎을 받아들이듯….

• 라이너 마리아 릴케 Rainer Maria Rilke

#3 전쟁과 축제의 아이러니

＊스코틀랜드, 글래스고

타탄체크Tartan check, 킬트Kilt, 백파이프, 골프, 맥베스, 스카치위스키, 에든버러 페스티벌, 조앤 롤링, 해리포터…. 스코틀랜드 하면 떠오르는 것들이다.

영국은 잉글랜드England, 스코틀랜드Scotland, 웨일즈Wales, 북아일랜드Northern Ireland의 4개 지역이 모인 연합국가다. 유나이티드 킹덤United Kingdom이라는 연합국으로 묶여 있기는 하지만, 각각 고유한 문화를 가진 독자적인 지역이다. 그래서인지 서로 다른 영어(악센트)를 구사한다.

스코틀랜드 글래스고Glasgow로의 첫 비행. 당시 나는 잔뜩 긴장했다. 입사 후 교육을 담당했던 강사가 스코티시 특유의 발음을 흉내 내며 설명하던 모습이 떠올랐기 때문이다. 억양이 강한 스코틀랜드 인들은 워터(Water)를 '워어'라고 하거나, 카우(Cow)를 '쿠', 스코티시(Scottish)를 '스코이시'로 발음한다며 강사는 특별히 주의할 것을 당부했다. 지역색이 강한 억양의 영어를 사용하는 승객들의 말을 잘 알아듣고 실수 없이 서비스를 제공하는 것이 우리의 역할이라고 덧붙이면서.

스코틀랜드 사람들은 그들 특유의 영어에 자부심 강하기로도 유명하다. 몇 해 전 신문에는 스코틀랜드의 애버딘Aberdeen에서 한 여성이 잉글랜드 악센트로 말했다는 이유로 행인에게 폭행을 당했다는 기사가 실리기도 했다. 신문에 날 정도로 매우 극단적인 사건이긴 하지만, 동시에 자존심 강한 스코틀랜드 사람들의 성향을 단적으로 보여준 일이었다.

전 세계의 영국 연방국가 수는 무려 50여 개다. 그 수만큼이나 많은 종류의 영어와 (우리나라와 일본 등을 비롯한)비영어권 국가에서 사용되는 영어까지 매우 다양한 영어(악센트와 발음)가 존재한다는 뜻이다. 그러니 승객의 말을 알아듣지 못해 주문도 제대로 받지 못하고 망신을 당하는 것은 아닐까 걱정이 앞섰다.

하지만 걱정했던 것과 달리 무사히 첫 글래스고 비행을 마쳤다. 운 좋게도 지독한 스코이시 영어를 하는 승객이 없었던 것인지, 잔뜩 긴장한 동양인 승무원을 가엽게 여긴 것인지 모르겠지만.

스코티시 영어의 바다를 건너 도착한 글래스고는 예의 그 우중충한 날씨 때문인지, 아니면 산업 도시 특유의 어둡고 무거운 건물색 때문인지 갈 때마다 우울한 분위기를 자아냈다. 런던의 글루미한 날씨와는 또 다른 느낌의 음산함과 침울함이 감돌고 있는 도시였다.

그럼에도 글래스고 비행을 기다리는 건 매년 여름마다 열리는 에든버러 페스티벌에 갈 수 있다는 즐거움 때문이다. 글래스고에서 기차로 약 한 시간 거리에 있는 에든버러에는 여름이 되면 전 세계에서 온 예술가들과 그들을 보러 온 사람들로 북적였다. 다양한 연극과 코미디, 뮤지컬, 클래식, 무용, 행위예술 등, 온갖 장르의 예술을 만나 볼 수 있어서다.

내가 에든버러 페스티벌에 대해 알게 된 것은 순전히 사촌오빠 때문이었다. 2003년, 중앙대 연극영화과에 재학 중이던 사촌오빠는 뜻이 맞는 몇몇 사람들과 본토비라는 팀을 이뤄 세계 공연 일주를 떠났다. 세계에 우수한 한국의 전통문화를 알리겠다며 세계 곳곳에서 때와 장소를 가리지 않고 사물놀이와 전통 시를 바탕으로 한 즉흥 공연을 했다. 2004년의 어느 여름날 에든버러에 도착한 그들은 프린지 페스티벌의 일원이 되어 당당하게 공연을 하고 축제를 즐겼다.

그렇게 알게 된 에든버러 페스티벌에 꼭 한 번은 가보겠다고 벼르던 터였다. 비행 전 미리 인터넷으로 축제 일정을 확인한 뒤 부푼 가슴을 안고 글래스고로 향했다. 사실 그전 해에도 에든버러 페스티벌을 보러 갔지만 페스티벌이 2주 뒤에나 열린다는 소식을 듣고 실망했던 터였다. 덕분에 그날은 신 나게 관광을 했다.

에든버러에는 영화 〈브레이브 하트〉에서 보던 중세의 스코틀랜드가 그대로 남아 있다. 기차역을 빠져나와 오직 귀족만이 다닐 수 있었다는 로열마일을 따라 에든버러 성으로 향했다. 시간이 멈춰 있는 듯한 그곳은 영화 세트장이 아닐까 싶을 정도로 건물이며 골목길까지 옛 모습을 간직하고 있었다. 로열마일 양옆으로 죽 늘어서 있는 스코틀랜드의 쇼트브레드, 킬트, 캐시미어 상점과 스카치 위스키 공장까지 모두 빼먹지 않고 참견하다 보니 에든버러 성으로 가는 길은 점점 더 길어졌다.

그렇게 도착한 에든버러 성은 잉글랜드와의 오랜 전쟁사를 보여주듯 요새에 가까운 모습이었다. 지하 감옥에는 전쟁포로뿐 아니라 범죄자, 해적, 마술을 부린다며 고소를 당한 여자들까지 수많은 사연을 가진 사람들이 이곳에서 목숨을 잃었다고 한다. 지하의 음침한 분위기와 머리 위에 어지럽게 매달린 해먹(죄수들의 침대로 쓰인 듯했다), 때때로 감옥 안을 울리는 정체 모를 소리(궁금하다면 직접 가서 확인해 보길)까지 발걸음을 옮길 때마다 저절로 몸이 움츠러들었다.

에든버러 성은 세계 10대 흉가로 손꼽힐 만큼 귀신 출몰이 잦은 곳이라고 한다. 그곳에는 당시 죄수들의 생필품과 취미 생활에 쓰였던 체스 같은 물품까지 보존되어 있었다. 어쩌면 그 속에는 아직 풀리지 않은 원한이 서린 그들이 그곳을 떠나지 못하고 머물러 있는지도 모르겠다.

페스티벌을 보지 못했던 지난번과 달리 두 번째 에든버러는 축제기간에 맞춰 방콕 비행을 스왑Swap(비행을 바꾸는 것)까지 하며 치밀하게 준비했다. 축제는 여럿이 모일수록 즐거운 법, 그날 비행에는 같은 아파트에 사는 한국 언니 외에도 한국인 크루가 한 명 더 있어 축제를 즐기기에 더없이 좋은 날이었다.

다시 찾은 에든버러는 이미 축제 분위기에 젖어 있었다. 기둥마다 붙어 있는 각종 포스터, 곳곳에서 행해지는 거리 공연들, 공연 홍보를 나온 사람들, 티켓을 파는 사람들과 구경 나온 관광객까지 오랜만에 사람들로 가득 찬 로열마일은 활기가 넘쳤다.

본래 에든버러 페스티벌은 제2차 세계대전 직후, 전쟁으로 상처받은 이들을 치유하기 위해 시작되었다고 하나, 스코틀랜드 지역 문화 부흥을 위해 시작되었다고 하는 게 더 설득력 있어 보인다. 공식적으로 에든버러 국제 페스티벌은 오페라, 클래식 음악, 연극, 춤 등 예술 분야서 활약 중인 각국의 팀을 초청해 벌이는 공연 축제다. 이 외에도 프린지 페스티벌과 영화제, 책 페스티벌, 밀리터리 타투 등의 축제들도 함께 진행된다.

내가 가고 싶었던 것은 에든버러 페스티벌의 하이라이트라 할 수 있는 밀리터리 타투Military tattoo다. 티켓은 전년도 12월부터 판매에 들어가 축제기간에는 구할 수가 없었다. 방법은 작년에 에든버러 페스티벌에 다녀온 지연 언니에게서 들은 대로 실행하는 것뿐이다. 바로 암표 사기! 인기 있는 공연이나 축제가 그러하듯 이곳에서도 암표상을 통해 표를 구할 수 있다고 했다. 문제는 이 많은 사람 중 과연 암표상을 찾을 수 있느냐는 것이었다. 함께 온 동료들과 거리 공연을 구경하고 상점을 들락날락 거리면서도 공연 시간이 다가올수록 초조해졌다. 티켓을 구하지 못해 공연도 못 보고 돌아가게 되는 건 아닐까, 걱정되었다.

어느새 해가 분홍빛으로 길게 늘어지기 시작했다. 로열마일은 에든버러 성을 향해 올라가는 사람들로 가득했다. 우리도 그 무리에 섞여 밀려 올라갔다. 올라가면서도 내 머릿속에는 오로지 티켓 생각뿐이었다. 이런 식으로 성까지 올라갔다가 그냥 내려오는 불상사가 생기지 말란 법은 없었다. 발은 계속해서 앞으로 나아갔지만 눈은 끊임없이 주변을 두리번거렸다.

"암표상이라고 얼굴에 쓰여 있는 것도 아닌데, 어떻게 알아?"

지연 언니와 통화를 하다 물었었다. 언니는 그저 "가보면 알

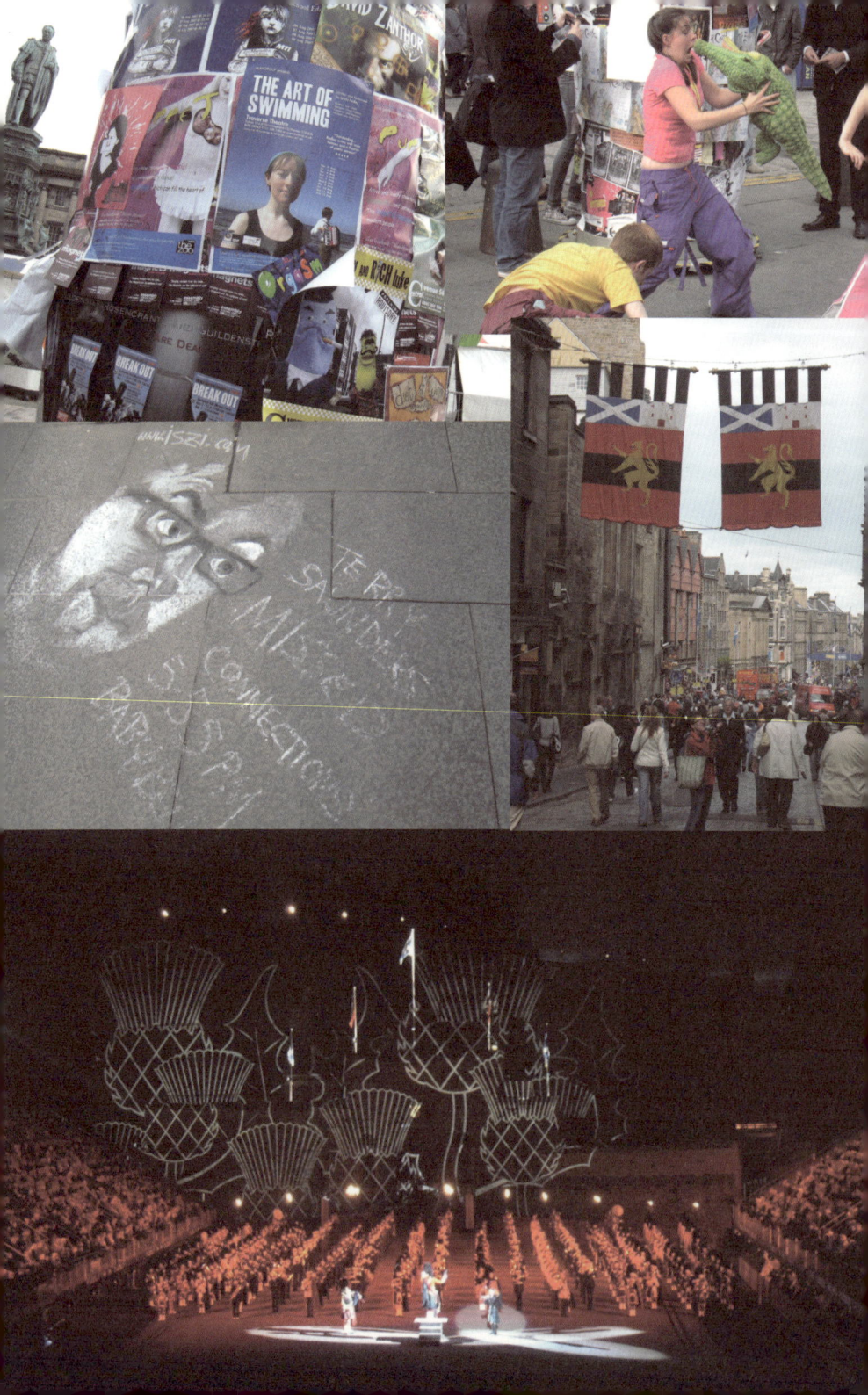

아" 하며 애매하게 답을 흘렸다. 정확하게 언제, 어디서 나타나는지 자세히 물어볼 것을 이제 와 후회해도 소용없는 일이었다. 그런데 거짓말처럼 눈앞에 표 파는 사람이 나타났다.

그는 버젓이 표를 판다고 했다. 아니 그렇게 씌어있는 푯말을 들고 있었다. 나는 곳곳에 있는 경찰을 의식하며 조용히 암표상에게 다가갔지만, 그는 너무도 당당히 티켓 가격을 흥정했다. 터무니없이 비싸게 부르면 어쩌나 염려했던 것과는 달리 그는 티켓 값에 5파운드 정도의 수고비를 요구했다. 나는 일생에 한 번일지 모를 기회를 놓칠 수 없다며 그에게 흔쾌히 5파운드를 얹어주고 그가 가진 것 중 제일 비싼 티켓을 손에 쥐었다. 드디어 밀리터리 타투를 볼 수 있게 됐다. 가장 좋은 자리라는 그의 말을 믿어보는 수밖에….

그새 길었던 오후의 해가 성 뒤로 넘어가려 하고 있었다. 여름의 스코틀랜드는 해가 무척 길다. 북쪽에 가까워서인지 러시아의 백야 현상을 이곳에서도 잠깐이지만 체험할 수 있다. 이때쯤이면 맨체스터도 9시가 되어야 해가 저무는데, 그보다 위쪽인 에든버러는 10시가 되어야 어둑해졌다. 공연은 아직 환한 9시에 시작됐다. 나는 암표상 아저씨의 말대로 공연장을 정면으로 바라보는 중앙석에 자리를 잡았다.

에든버러 성 앞 광장에서 열리는 밀리터리 타투는 군악단이 벌이는 공연이다. 영국과 스코틀랜드의 군악대를 시작으로 전 세계의 군악대와 학생들이 차례로 나와 공연을 하는데, 아쉽게도 이날은 한국 군악대의 모습을 볼 수 없었다. 밀리터리 타투의 매력은 무엇보다 에든버러 성 앞에서 펼쳐진다는 데 있다. 성을 배경 삼아 조명으로 만들어낸 그림과 다양한 음향효과는 전쟁의 역사와 그 속에 숨은 사연들을 절묘하게 표현했다. 공연은 파이프 소리와 북소리, 군악대의 절제된 움직임과 함께 오토바이나 탱크를 동원하는 등 다양한 방법과 내용으로 지루할 틈 없이 구성되었다.

한여름에 벌어지는 공연이었지만 에든버러의 날씨는 매우 짓궂었다. 해가 하늘 높이 떠 있던 낮에도 바람이 쌀쌀하게 느껴지더니 해가 지자 겨울의 그것만큼이나 추위가 느껴졌다. 공연 전 캐시미어 상점에서 산 스웨터를 입고, 가지고 간 머플러까지 칭칭 동여맸는데도 추위는 쉽게 가시지 않았다. 그러고 보니 옆에 앉은 영국 사람 중 여름옷을 입은 사람은 거의 없었다. 대부분 두툼한 재킷에 겨울 코트까지 입고 있었다. 관광객들만이 미처 따뜻한 옷을 준비하지 못한 것 같았다. 어둑어둑했던 하늘은 짙어지는 공연의 열기와 함께 깜깜한 밤으로 얼굴색을 바꿨다. 그리고 퍼레이드의 마지막이자 하이라이트인 불꽃놀이로 공연은 끝났다.

군악대가 하는 밀리터리 타투는 여타의 페스티벌과 달리 이색적이었다. 총과 칼로, 탱크와 오토바이로 평화의 메시지를 전

하는 모습이 어딘지 모르게 모순처럼 느껴졌다. 전쟁과 평화, 군인과 축제라는 조금은 어색한 조합이 만들어낸 페스티벌은 그렇게 오래도록 기억에 남았다.

에든버러의 밀리터리 타투는 아무리 추워도, 비가 와도, 우박이 떨어져도 변경 없이 진행된다고 하니 공연이 취소될 걱정은 하지 않아도 된다. 제대로 군인 정신을 발휘하는 것 같다. 관객들에게도 추위와 비바람과 싸우며 공연을 관람할 군인 정신이 필요하겠지만 말이다.

#4 당신이라는 커다란 도서관
*호주, 시드니

비행을 시작한 지 채 한 달이 되지 않았을 무렵 공항 근처의 회사에서 스탠바이를 하고 있었다. 어디로 가게 될지, 언제 나를 부를지 궁금함과 설렘이 교차하던 중 방콕-시드니-오클랜드의 긴 비행에 가게 됐다. 첫 비행인 방콕을 거쳐 시드니에 도착한 날, 뉴스에선 하루 종일 다음 날 거행될 퍼레이드에 대해 떠들어대고 있었다.

다음 날은 안작ANZAC 데이였다. 안작 데이는 제1차 세계대전에 참전한 전쟁 용사들을 추모하는 날로 우리나라의 현충일과 같다. '안작'이란 호주와 뉴질랜드 군인(Australian and New Zealand Army Corps)의 첫 글자를 조합한 단어다.

안작 데이 추모 행사는 새벽 4시 마틴 플레이스Martin place 광장에서 예배와 함께 시작된다. 때마침 호텔이 걸어서 10분 거리에 있어 구경이라도 해볼까, 싶어 알람을 맞춰두었다. 알람 소리에 깨보니 아직 한밤중이었다. 옷을 다 갈아입고도 나가지 못하고 방문 앞을 서성였다. 새벽 4시의 낯선 도시는 시린 밤처럼 여전히 어두웠다. 혼자 나가도 될지 몇 번을 망설이다가 새로운 소식이라도 있을까 싶어 TV를 틀었지만 별다른 얘기가 없었다.

한참을 고민하다 결국 5시가 다 되어서야 나갈 용기가 생겼다. 마틴 플레이스가 가까워져 오자 사람들의 노랫소리가 들렸다. 곧이어 엄청난 인파로 꽉 찬 광장이 보였다. 이른 새벽 탓인지 사람들은 두툼한 옷을 입고 있었다. 예배는 곧 끝났고, 모여 있던 사람들은 집으로 흩어졌다. 진작 나오지 않은 것을 후회했다. 그나마 마지막까지 하늘을 가득 메우는 백파이프 연주가 위안이 되었다.

새벽 5시를 조금 넘긴 시각, 호텔로 돌아가 잠을 청했다. 달콤한 잠에 빠진 것도 잠시, 북소리와 백파이프 소리, 간간이 들려오는 나팔소리에 잠을 깼다. 곧 있을 퍼레이드의 참가자들이 연습을 시작한 것이다. 오전 10시에 시작하는 퍼레이드는 조지 스트리트에서 하이드 파크까지 이어질 예정이었고, 내가 묵고 있는 호텔은 조지 스트리트에 면해 있었다. 잠은 설쳤지만 덕분에 퍼레이드에 늦지 않을 수 있겠다고 스스로를 위로하며 침대에서 일어나 시드니의 아침을 맞으러 나섰다.

반짝이는 시드니의 아침 햇살을 받은 마틴 플레이스 광장은 싱그럽게 빛나고 있었다. 광장까지 가는 길은 퍼레이드에 참가하는 사람들과 구경꾼들로 북적였다. 퍼레이드는 참전 군인뿐 아니

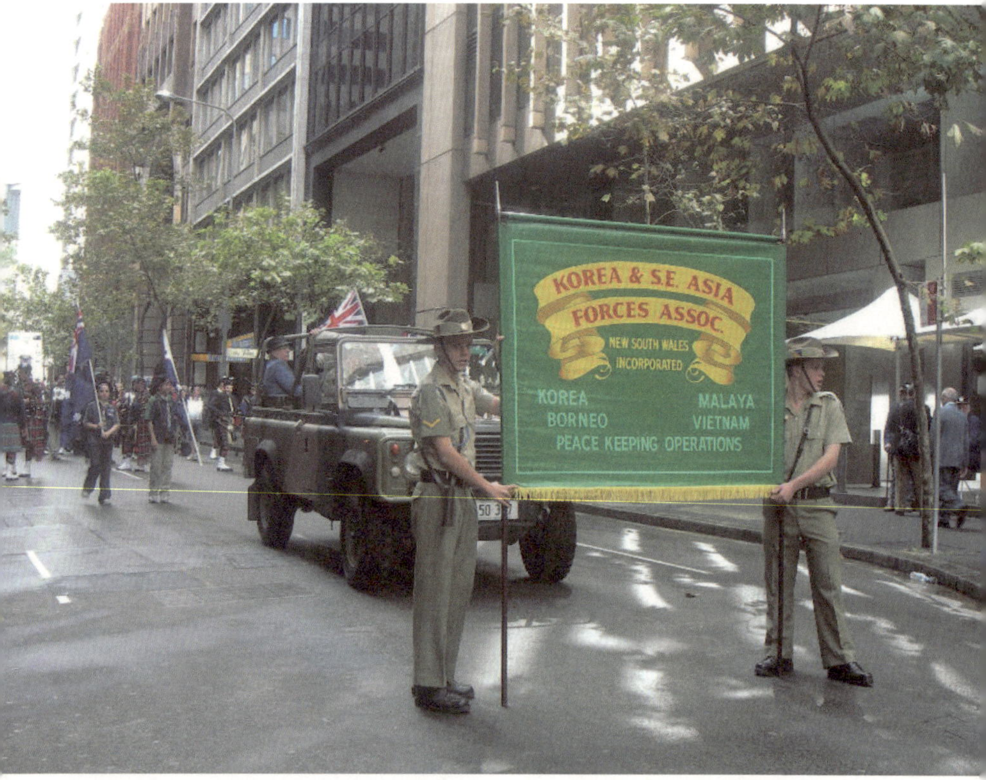
KOREA & S.E. ASIA
FORCES ASSOC.
NEW SOUTH WALES
INCORPORATED
KOREA
MALAYA
BORNEO
VIETNAM
PEACE KEEPING OPERATIONS

KOREA

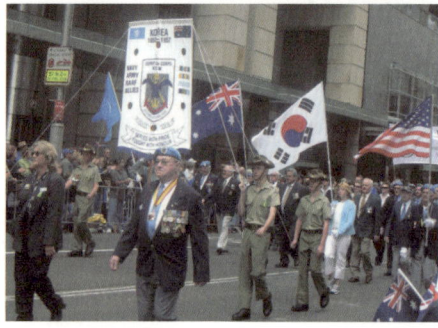

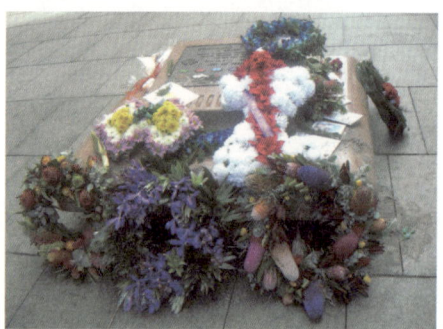

205 삶은 하루하루가 축제다

라 그의 가족, 군악단, 각 지역의 군인들, 학교의 기악단과 어린 학생들까지 그야말로 온 국민이 참여하는 듯했다. 이미 세상을 떠난 참전 군인들을 대신해 그의 후손들이 퍼레이드에 참가하기도 했다. 퍼레이드 깃발에는 '당신들의 희생으로 우리가 아름다운 곳에서 자유롭게 숨 쉴 수 있게 되었다'는 문구로 고마움을 표시했다.

계속되는 퍼레이드에서 뜻밖의 모습을 볼 수 있었다. 연세가 지긋한 우리나라 참전용사들의 행진이었다. 호주와 뉴질랜드 외에도 영국, 스코틀랜드, 우리나라 등 곳곳의 참전용사들이 퍼레이드에 참가했다. 호주인들에게 안작 데이는 자신들뿐 아니라 전쟁에서 젊은 날을 희생한 모든 군인들을 추모하는 날이었다.

이날 가장 인상 깊었던 것은 퍼레이드를 구경하는 시드니 시민들의 모습이었다. 그들은 두 시간이 넘는 긴 퍼레이드 내내 행진에 참여한 모든 사람들과 참전용사들에게 아낌없는 박수와 진심 어린 격려를 보냈다. 고맙게도 멀리서 온 우리나라 참전 용사들에게도 존경을 담아 뜨거운 박수를 건넸다.

아프리카에는 이런 말이 있다.

"노인이 죽는 것은 커다란 도서관 하나를 잃는 것과 같다."

그의 평생에 걸친 경험과 지혜는 한두 권의 책으로 충족시킬 수 있는 것이 아니기 때문이다. 60여 년 전, 전쟁에 나선 젊은 군인들은 어느새 희끗해진 머리와 구부러진 등으로 할 수 있는 것보다 그렇지 못한 것이 더 많은 노인이 되었다. 그럼에도 그들이 행복하게 살 수 있는 건 후손들이 매년 잊지 않고 과거의 희생에 감사와 존경을 표하는 덕분이 아닐까 싶다. 안작 데이가 계속해서 이어진다면 참전용사가 세상을 떠나도 그들의 열정, 그러니까 그가 세운 삶의 도서관은 결코 사라지지 않을 것이다.

#5 화려함 속에
감추진 것들

* 미국, 뉴욕

나에게는 몇 개의 계획된 축제 관람과 뜻밖의 축제 관람이 있었는데, 뉴욕의 이스터(부활절) 퍼레이드는 후자의 경우였다. 뉴욕에 도착한 다음 날은 부활절Easter이었다. NBC의 아침방송은 미국인 특유의 흥분된 높은 목소리로 부활절을 맞은 미국인들의 일상을 보여주고 있었다. 침대에서 TV를 보던 나는 아침잠을 떨치고 예배를 드리러 가야 할지, 시차를 핑계 삼아 좀 더 쉬어야 할지를 저울질하고 있었다. 결국 부활절 이야기로 가득 찬 방송국 채널을 서너 바퀴 더 돌린 후에 침대에서 일어났다.

호텔을 나서자마자 퍼레이드가 진행될 예정이라는 5번가로 향했다. 호텔과는 한 블록밖에 떨어져 있지 않았다. 마침 내 앞으로 교회에 가는 길인 듯한 노부부가 팔짱을 낀 채로 나와 같은 방향으로 걸어가고 있었다. 퍼레이드가 열리는 5번가 주변에는 세인트 토마스 교회 St. Thomas church, 5번가 장로교회 5Th Avenue

Presbyterian Church, 세인트 패트릭 성당 St. Patrick's Cathedral 이 있다.

　골목을 나와 5번가로 들어서자 사람들의 모습이 눈에 들어왔다. 가장 먼저 긴 줄의 사람들로 둘러싸인 세인트 토마스 교회가 보였다. 11시 예배 시간이 지나 들어가지 못한 사람들이었다. 나도 조금 부지런을 떨어볼걸, 하는 아쉬움이 들었다. 한 블록 더 올라가 5번가 장로교회에 다다르니 서둘러 들어가는 사람들의 모습이 보였다. 세인트 토마스 교회보다 30분 늦은 예배시간 덕분에 조금은 여유가 있었다. 나도 재빨리 그들을 뒤쫓아 교회로 들어갔다. 덕분에 부활절 예배를 놓치지 않을 수 있었다.

　예배를 마치고 교회를 빠져나가는 인파와 함께 5번가로 들어서자 화려한 모자와 복장으로 한껏 치장한 사람들이 거리를 가득 메우고 있었다. 부인들이 부활절에 쓰는 화려한 모자를 뜻하는 '이스터 보닛 Easter bonnet' 퍼레이드에 참가하는 사람들이다. 이스터 보닛 퍼레이드는 공연자들이나 특별한 사람들이 벌이는 것이 아니라, 자신이 만든 모자를 쓰고 나온 사람들이 거리를 걸으며 만들어가는 축제다. 모두가 함께하는 퍼레이드여서인지 남자와 여자, 노인들부터 어린아이까지 저마다 개성 넘치는 모자로 꾸민 사람들을 볼 수 있다.

　이스터 보닛 퍼레이드는 부활절 예배를 마치고 화려한 의상과 모자 Church hat(교회에서 예배를 드릴 때 여성들이 쓰는 모자로 대체로 화려한 장식으로 된 것이 많다)를 쓴 상류층 사람들이 5번가를 걸

으며 산책한 데서 시작되었다. 뉴욕의 부활절 퍼레이드에서는 이렇듯 모두가 주체자이자 관람자다.

처치햇Church hat의 사전적 의미는 '흑인 여성들이 교회에서 예배를 드릴 때 쓰던 화려한 장식의 모자'다. 교회 모자의 역사를 보면 흑인 노예의 아픈 역사의 면모도 볼 수 있다. 교회 모자의 유래는 예배를 드릴 때 머리를 가리는 것이 옳다는 사도 바울의 의견을 받아들인 아프리칸 여성들로부터 시작된 것이라 한다. 그들에게 일요 예배는 고된 노역과 남루한 작업복으로부터 탈출할 수 있는 유일한 자유였다. 흑인 여성들은 손쉽게 구할 수 있는 꽃이나 밀짚으로 모자를 꾸미기 시작했다. 모자를 장식하는 순간만큼은 자신이 노예가 아닌 한 사람으로 인정받았다는 기분을 느끼지 않았을까. 그녀들의 모자가 점점 더 화려해지고 다양해진 것은 그 때문이다.

그중에서도 부활절 모자는 특별한 날에 어울리도록 더욱 아름답고 화려하다. 지금은 모두가 하나 되는 즐거운 축제가 된 이스트 보닛 퍼레이드지만 모자에 배인 깊고 진한 슬픔만은 잊을 수 없을 것이다. 흑인 노예의 비극이라는 인간이 만든 가장 가슴 아픈 역사를….

흑인에게 모자는 자유를 상징했지만 다른 곳에서는 그들의 인권을 구속하기도 했다. 과거 노스캐롤라이나의 '버넷 흑인 여성대학Black Bennett College for Women'에서는 학생들에게 교회에 가거나 학교 밖을 나갈 때에는 항상 모자와 장갑을 착용하고 하이힐을 신도록 했다. 그러던 중 학생 대표가 단 한 번이지만 규율을 어겼다. 흑인에게는 점심을 제공하지 않겠다는 울워스Woolworth's 식당의 인종차별에 항의하기 위해서였다. 이후 학생들은 흑인 평등권을 요구하는 운동을 벌였고, 이 사건은 흑인 여학생들이 외출 시 모자를 벗는 계기가 되었다고 한다.

삶은 하루하루가 축제다

#6 삶이라는
즐거운 축제를
즐기길

사우디아라비아, 제다

이슬람교도의 신자는 코란 암송, 하루 다섯 번의 기도, 구제 활동, 라마단 기간의 금식, 성지순례라는 다섯 가지 의무를 지켜야 한다. 그중 성지순례를 하지Hajj라 한다. 무슬림에게 성지는 사우디아라비아의 메카 Makkah, 그곳에서도 카바Ka'bah라 불리는 신전이다. 메카는 이슬람교의 창시자인 무함마드가 이곳에서 태어나고 계시를 받았다고 해서 성지로 받드는 곳이었다. 죽기 전에 이곳을 방문하는 것은 무슬림의 평생의 소원이다. 성지순례를 함으로써 죄를 용서받을 수 있다고 믿기 때문이다.

때문에 하지 시즌이 되면 사우디아라비아의 제다 비행은 성지순례를 가는 승객들로 가득 찬다. 하지는 국적과 성별, 인종, 종파와 관계없이 모든 무슬림에게 부여되는 의무이기에 스리랑카나 인도네시아의 아시아계 무슬림도, 아프리카에 사는 무슬림들도 성지순례에 나선다.

하지 시즌이 되면 라마단과 마찬가지로 하지에 대한 자료를 나눠준다. 여승무원들은 이 기간에 제다로 가는 비행기에서 유니폼 치마를 입을 수 없다. 치마를 입게 되면 다리가 드러나기 때문에(알다시피 무슬림 여자들은 신체를 드러내지 않는다) 오직 바지만 입을 수 있다. 신성한 하지를 맞이해 금욕하는 성지순례자들에게 (의도하지 않았음에도) 신체를 보여주는(?) 유혹을 하면 안 되기 때문이다.

그러나 승무원을 가장 힘들게 하는 건 따로 있다. 제다에 접근하기 30분 전 기장이 현재 메카에서 얼마나 떨어져 있는지를 알려준다. 그때부터 승객들은 메카를 맞이할 준비에 들어간다. 코란에 나와 있는 순서에 따라 모든 부위를 세 번씩 닦는 것이다. 기내 방송이 나오자 화장실은 메카에 들어가기 위한 준비를 하는 승객들로 붐비기 시작한다. 얼마 안 가 화장실 바닥은 물바다로 변한다.

메카를 방문한 사람들이 돌아가는 비행기에 들고 타는 게 있다. 홀리 워터Holy Water, 즉 성수다. 메카의 카바 신전에는 검은 돌을 싼 휘장이 있는데, 이 돌 주변에 흐르는 물을 성수라 하여 떠오는 것이다. 무슬림들은 이 물을 마시면 아픈 것이 낫고 정결케 된다고 믿는다. 때문에 함께 오지 못한 가족들에게 나눠주려고 물통 하나씩을 이고 비행기에 오른다. 본래 기내에 액체는 물론, 100ml 이상의 물통 반입은 금지되어 있지만 이 성수만큼은 예

삶은 하루하루가 축제다

외로 한다. 그렇게 일생일대의 소원을 성취하고 집으로 돌아가는 사람들의 얼굴은 언제나 밝다.

"승객 여러분, 이프타Iftar 시간이 되었습니다. 즐거운 라마단 되세요."

기내 방송이 흘러나왔다. 이제 막 식사 서비스를 마치고 한숨을 돌리려던 참인데, 하필 지금이 이프타 시간이라니…. 다시 서비스를 준비하는 나의 손길은 점점 더 바빠진다. 조금 힘들긴 하지만 하루 종일 금식을 한 승객들은 배가 많이 고플 것이다.

금식의 달, 라마단Ramadan이 시작되었다. 라마단은 이슬람교의 가장 큰 절기 중 하나다. 무슬림들은 세상의 탐욕을 버리고 가난한 이웃을 돌아보며 그들의 고난에 동참하기 위해 1년에 한 번 한 달 동안 금식·금욕·기도에 집중한다. 해가 뜰 때부터 질 때까지 음식은 물론 물 한 방울도 입에 대지 않고 하루 다섯 번 기도를 올린다. 철저한 이슬람 원리주의자들은 침도 삼키지 않고 뱉어낸다고 한다. 어린아이나 노인, 임산부, 산모 등 병약한 사람을 제외한 신체 건강한 사람이라면 누구나 이 한 달 동안의 금식에 참여해야 한다.

외국인도 예외는 아니다. 무슬림이 아닌 타 종교인에게 금식을 강요하지는 않지만, 엄격한 무슬림 국가인 중동은 공공장소에서 음식 먹는 것을 금한다(터키나 동남아의 무슬림 국가는 이런 면에서 비교적 자유롭다). 더구나 라마단 기간에는 모든 식당과 카페가 문을 닫기 때문에 비非무슬림도 자발적 금식 아닌 '굶식'을 하게 된다. 몇몇 식당은 많은 돈을 내면 낮에도 영업이 허용되기는 하지만, 그마저도 밖을 지나가는 사람들이 볼 수 없도록 커튼을 쳐야 한다. 상황이 이렇다 보니 라마단 기간에는 밖에 나가기 전에 든든히 밥을 먹어야 한다.

한 번은 비행 때문에 무뎌진 날짜 감각에 라마단인 것을 깜박하고 친구와 점심 약속을 했다. 덕분에 그날 친구와 나는 물 한 모금 마시지 못하고 해가 질 때까지 꼼짝없이 쫄쫄 굶어야 했다.

한 달이나 금식이라니! 라마단이 꽤나 고역일 것이라고 생각하겠지만, 그렇지 않다. 아침부터 점심도 거르고 일하는 직장인들은 오후 2시면 퇴근을 한다. 식당은 낮 동안은 문을 닫지만 해지는 시간을 뜻하는 이프타가 되면 각양각색의 이프타 스페셜 메뉴를 내놓는다. 이프타가 되었다는 것은 식사를 해도 좋다는 뜻이다. 때문에 이프타는 금식 후 먹는 첫 식사라는 의미로도 쓰인다. 이프타 시간이 되었다고 하루 종일 굶었던 사람들이 갑자기 음식을 먹는 것은 위胃에 무리를 줄 수도 있으니, 우선 대추야자 열매인 데이츠Dates와 물, 중동식 요구르트 라반Laban으로 위를 보호한다. 그리고 천천히 다른 음식을 먹는다.

이프타 메뉴는 종류도 다양하다. 주로 이슬람 음식을 먹지만, 요즘에는 서구화된 입맛에 맞춰 세계 각국의 음식을 맛볼 수 있는 뷔페를 선보이는 곳도 많다. 게다가 이 시기에는 비싼 레스토랑이나 호텔도 평소보다 저렴한 가격으로 손님들을 유혹한다. 낮 동안 끼니를 거르는 가난한 사람들을 생각하며 금식을 하던 사람들이 저녁은 어디에서 맛있는 이프타를 먹을까 고민한다. 이런 모습을 보고 있자니 상업화되어버린 라마단 풍경이 크리스마스처럼 무엇을 기념하는 것인지 분간할 수 없게 변질된 것 같아 씁쓸한 기분이 들기도 한다.

저녁이 되어서야 시작하는 식사는 해가 뜨는 새벽 직전까지 계속된다. 새벽 3시가 넘은 시간까지도 식당은 활기가 넘친다. 그러니까 라마단이라고 한 달 내내 식음을 전폐하고 사는 것은 아니다. 금식으로 낮에는 조용했던 도시가 저녁이 되면 깨어나기 시작한다. 온 가족이 모여 늦은 저녁부터 해가 뜨기 전까지 식사를 하며 이야기를 나눈다. 라마단은 무슬림에게 떨어져 있던 가족과 친지들이 오랜만에 모이는, 우리의 추석과도 같은 명절이다.

라마단이 되면 비행을 하는 우리도 바빠진다. 아무리 라마단이라 해도 현대의 무슬림들이 출장이나 여행을 피할 재간은 없다. 비행기는 매일 바쁜 비즈니스맨들과 여행자들을 부지런히 실어 나른다.

라마단 기간에 비행을 하면 숙지해야 할 것들이 있다. 금식이 시작되는 임삭Imsak(해 뜨는 시간)과 금식이 끝나는 이프타 시간이다. 대개 6시간이 넘는 긴 비행에는 둘 중 하나는 걸쳐 있

기 마련이라 우리는 금식을 하는 승객에게 바른 시간 정보를 제공해 주어야 한다. 보통은 기장이 해가 뜨고, 지는 시간을 승무원에게 알려준다. 이 외에도 회사에서 각 지역에 따른 임삭 시간과 이프타 시간이 적혀 있는 시각표를 나눠주기도 한다. 물론 신문이나 방송에서도 하루 다섯 번의 기도 시간과 해 뜨는 시간을 공지한다.

 라마단 기간에 여행하는 무슬림은 금식의 의무에서 벗어난다. 하지만 여행이 끝난 후 금식하지 못한 날 수를 반드시 채워야 한다. 그래서인지 대부분의 무슬림 여행자들은 기내에서도 시간에 맞춰 금식하고 기도를 한다. 이를 배려해 무슬림 승객에게는 금식 여부를 물어보는 것이 좋다. 물론 정해진 식사 서비스는 금식 중인 승객을 제외하고 이루어진다.

 비행하는 동안의 금식 시간은 날고 있는 상공의 현지 시간에 맞춰져 있다. 기장이 해가 지는 이프타를 현지 시간에 맞춰 알려주면 그제야 금식을 했던 승객들에게 식사 서비스를 제공한다. 이들에게 나가는 음식은 일반 기내식이 아닌 이프타 식단으로 대추야자와 바나나, 요구르트, 아랍식 피타Pita빵과 디저트 등이다. 위에 부담이 가지 않으면서도 균형적인 영양을 고려해 구성한 것이다.

 금식 기간에는 평소의 식사 서비스와 더불어 이프타 시간에 맞춘 식사 서비스를 따로 진행한다. 때문에 식사 서비스가 모두

끝났음에도 처음부터 다시 서비스를 하게 되는 경우도 있다. 이런 날은 비행 내내 서비스를 한 것 같은 피로감이 몰려온다.

 라마단에는 승객뿐 아니라 동료 중에서도 금식을 하는 경우가 있다. 무슬림 승무원들에게는 낮 비행이 여간 곤욕이 아니다. 육체노동을 해야 하는 승무원이기에 식사를 거르며 비행하는 것은 쉽지 않은 일이다. 때로는 다른 동료들에게 피해 아닌 피해를 줄 수도 있기에 되도록 금식 시간을 피해 비행을 하거나 휴가를 간다. 하지만 부득이하게 낮에 비행 하는 경우도 생기는데 이때는 자신의 의지에 따라 금식을 한다. 비행 동안 금식을 하다가 해가 진 뒤에야 식사하는 동료가 있는가 하면, 시간에 상관없이 음식을 먹는 동료도 있다. 하지만 대부분 미리 식사를 하고 오거나 비행 중에도 해가 질 때를 기다린다.

무려 한 달에 걸친 금식과 금욕 생활이 끝나면 비로소 '이드 알 피트르Eid al-Fitr'가 시작된다. 줄여서 '이드'라고도 하는 이 기간에 무슬림들은 라마단이 끝난 것을 기념하며 축제를 벌인다. 공식적으로는 3일간의 연휴지만 많은 회사들이 일주일의 휴가를 준다. 전통적으로 무슬림들은 이드 연휴에 가족이나 친구들을 방문하고 선물을 주고받았지만 근래에는 가족과 여행을 떠나는 사람들도 많다. 라마단 기간 동안 줄었던 승객이 비행기마다 꽉꽉 들어차는, 일 년 중 바쁜 시기이기도 하다.

라마단을 지내는 이들의 모습을 보고 있으면 '삶은 곧 축제다'라는 글이 떠오른다. 바람결에도 오소소 소리 내며 즐거워하고 빗방울 사이에서도 후드득 흔들리며 기뻐하는 나뭇잎처럼, 기꺼이 금식과 금욕을 받아들이고 그것이 끝나면 서로를 위로하며 축제를 즐긴다. 주어진 삶을 심각하게 받아들이기보다 삶 그 자체로 축제인 듯 살아가는 사람들을 보며 나는 얼마나 나의 삶을 축제로 인식하고 있는지를 종종 점검하게 됐다.

고국을 떠나 두바이에서 살 때 한국의 추석 연휴는 잊어버리기 일쑤였지만 무슬림도 아닌 내가 라마단은 꼬박꼬박 챙겼다. 금식 중인 동료와 승객들에게 라마단 인사를 하고, 밖으로 나가기 전에는 식사시간을 확인하고, 저녁엔 근사한 곳에서 이프타를 먹었다. 두바이를 떠난 지금은 더 이상 라마단의 금식시간에 신경 쓰고 살지 않아도 된다. 그럼에도 40도를 넘나드는 뜨거운 날씨에도 모스크로 향하는 친구들에게 미리 이드 인사를 건넨다. "이드 무바라크 Eid Mubarak!(즐거운 축제를 즐기길!)"

라마단은 이슬람력의 아홉 번째 달로 '매우 더운 달'이라는 뜻이다. 그렇다고 라마단이 항상 여름에 시작되는 것은 아니다. 라마단을 채택했을 당시 무더운 여름이었기 때문에 그렇게 이름 붙여졌다. 이슬람력은 매년 11일씩 날짜가 앞당겨지는데, 2012년 라마단은 런던올림픽과 겹쳐 무슬림 국가들이 항의하기도 했다. 금식 여부에 따라 선수들이 자신의 기량을 제대로 발휘할 수 없게 될 위기에 놓이자, 각 무슬림 국가에서는 선수들도 여행자로 보고 식사를 허락하거나, 금식 대신 가난한 사람들을 위해 기부하는 방법으로 대체하거나, 경기 당일에만 음식을 먹도록 하는 등 다양한 방안을 내놓았다. 물론 개인의 의지에 따라 철저한 금식을 한 선수도 있다고 한다.

*첫 비행

'처음'만큼 다중인격을 드러내는 단어도 없다. 설레면서 두렵고, 기대를 갖게 하면서 무겁다. 좋으면서도 싫다. 내 첫 비행도 그랬다. 트레이닝을 마치고 정식으로 받은 스케줄에는 한 달의 첫날부터 마지막 날까지 RVS가 잔뜩 찍혀 있었다. 리저브Reserve다. 리저브는 정해진 비행 스케줄 없이 대기하라는 뜻이다.

우리 회사는 크루Crew(승무원)를 7개의 그룹으로 나눠 각 그룹별로 비행 스케줄을 받을 우선순위를 정했다. 원하는 비행을 받을 수 있는 확률이 가장 높은 탑비드Topbid를 받았다면 다음 달은 꼬박 스탠바이를 해야 했다. 규칙상 모든 크루가 7개월에 한 번씩 스탠바이를 하는 셈이다.

리저브는 몸이 아파서 병가를 내거나 갑작스런 사정으로 비행을 못하는 결원이 생길 경우를 대비하는 것이다. 크루는 집이나 회사에서 주어진 시간 동안 대기하고 있어야 한다. 크루 스케줄러(스케줄 담당 직원)가 결원이 생기면 대기 중인 크루에게 연락을 하므로 미리 가방을 꾸려놓는 게 좋다. 전화를 받고 주어진 시간 안에 회사로 달려가기엔 시간이 촉박하기 때문이다.

하필이면 비행 경험도 없는 내가 속한 그룹이 리저브 중이라니, 처음이라는 설렘이 실망과 걱정으로 바뀌기 충분했다. 동기들은 LHR-런던, CDG-파리, MAN-맨체스터 등, 교육 때 외운 각 도시의 쓰리 코드Three airport code(도시 공항 코드)를 읊어가며 신이 나 있었다. 그 사이에서 혼자 RVS가 잔뜩 찍힌 스케줄을 받아들고 있자니 난감할 따름이었다.

첫 스케줄은 SA0600. 새벽 6시 공항스탠바이였다. 공항스탠바이라고 하지만 공항 근처에 있는 회사 스탠바이룸에서 대기하는 것이다. 처음 하는 스탠바이라 잔뜩 긴장했다. 스탠바이는 4시간이나 되기에 책이라도 볼까 하는 생각에 가방을 뒤적거렸다. 마침 스피커에서 누군가를 다급히 찾고 있었다.

"Staff number, three seven three…, Hyeeun shin"

앗, 내 이름이잖아. 뒤적거리던 가방을 들고 급히 브리핑 데스크로 갔다. 내 첫 비행의 운명을 알려줄 스케줄러가 알 수 없는 미소로 말했다.

"You are going to Bangkok City"

야호, 리저브에 방콕이라니! 방콕은 탑비드라도 받기 힘든 비행 중 하나로 가고 싶어하는 크루도 많은 도시다.

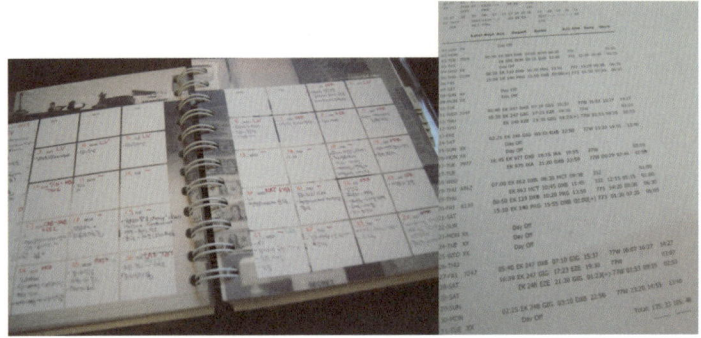

"비행 브리핑은 이미 끝났고 시간이 없으니 서둘러 밖에 있는 버스로 가. 비행기까지 데려다 줄 거야. 첫 비행, 행운을 빌어!"

스케줄러에게서 새로 받은 GD(General Declare:입국하는 승무원 명단과 입국정보가 적힌 종이로 입국하는 나라에 제출해야 한다)를 들고 비행기로 향했다. 비행기에 들어서자 사무장이 반가운 얼굴로 반겼다. 나는 스탠바이 중 합류하게 된 사연을 짧게 전한 뒤 곧바로 조종실로 가 기장과 부기장에게도 얼굴을 비쳤다.

운 좋게도 방콕으로 첫 비행을 하게 됐다. 정신없는 서비스 중에도 틈틈이 태국인 크루를 귀찮게 하며 방콕에 가면 무엇을 해야 할지 이것저것 물었다. 사무장은 일단 방콕에서 가장 핫하다는 클럽에 가자고 했다. 막내 크루의 첫 비행 축하와 환영회도 할 겸.

'그럼 오늘은 방콕 나이트를 즐기고, 내일 아침엔 뭘 할까?'

"혜은, 내일 시드니에 가는 크루를 위해 종이 메뉴를 준비해 줄래?"

한참 머릿속으로 방콕 관광 계획을 짜고 있는데 SFS Senior flight stewardess(부사무장직급) 엘리가 나에게 말했다.

"뭐? 시드니? 우리 지금 방콕 가는 길 아니야?"

"응, 맞아. 그리고 내일 시드니로 가지."

이게 무슨 말이지? 내일 시드니에 간다고? 우리가? 아니, 내가?

그제야 나는 이 비행이 우리 회사에서 가장 긴 비행 중 하나인 방콕-시드니-오클랜드 비행이라는 것을 깨달았다. 방콕에서 하루 자고 시드니에서 일박, 다음날 뉴질랜드의 오클랜드를 다녀와 다시 시드니에서 이틀을 자고, 방콕에 들러 마지막으로 두바이까지. 8일간의 긴 여정이었다.

나에게 비행 스케줄을 알려준 인도인 스케줄러의 발음이 사단이었다. 그가 말한 '방콕-시드니'를 '방콕 시티'로 잘못 알아들었던 것이다. 챙겨온 옷도 몇 벌 없고 엄마에겐 그저 방콕에 다녀온다고만 했다. 갑자기 바뀐, 아니 제대로 알게 된 일정에 당황스러웠다. 동료들은 오히려 긴 비행을 다녀오면 남은 리저브가 짧아진다며 나를 위로했다. 이렇게 된 바에야 즐겁게 일하고 틈틈이 여행하는 수밖에…. 다행히 함께 비행하는 동료들은 막내인 나를 잘 챙겨주었다. 덕분에 길었던 나의 첫 비행은 쏜살같이 지나갔다.

7박 8일의 비행을 무사히 끝내고 두바이로 돌아왔다. 일주일 동안 좌충우돌했을 내 첫 비행의 동료가 되어준 크루들과 어느새 정이 들었나 보다. 다음을 기약하며 짧은 포옹과 볼키스를 나누고 돌아서는 발걸음이 아직은 익숙하지 않았다. 숙소로 가는 셔틀버스에 앉아 습관처럼 핸드폰을 꺼내 전원을 켜자마자 기다렸다는 듯 시끄럽게 울려댔다. 지난 8일간 연락이 되지 않아 걱정한 가족들이었다. 행여 내가 행방불명된 게 아닐까 작은 소란이 일어난 것이다. 일주일이 지났을 땐 동생이 회사에 전화까지 걸었다고 한다. 그러고 보니 비행 전 방콕으로 간다는 통화가 마지막이었다. 소식은 없고, 두바이 숙소 전화는 받지 않고, 핸드폰은 꺼져 있으니 행방불명이라 생각할 법도 하다. 그날 이후 매달 스케줄이 나올 때마다 미리 부모님께 전달하는 습관이 생겼다.
  '시드니'가 '시티'로 들릴 수도 있다는 것, 승무원이 된 딸의 '첫 비행'이 '행방불명'으로 둔갑할 수도 있다는 것은 비행을 떠나면서 새롭게 알게 된 사실이다. 함께 비행을 한 동료들과의 굿바이 인사가 어색하다는 것도…. 난 처음부터 다시 배워야 했다. 하늘 위의 바쁜 일상, 떠난 뒤에 벌어질 일들, 타국에서의 새로운 삶, 나와의 인연을 맺게 될 사람들까지 모두…. 낯선 곳으로 떠난다는 것, 하늘을 난다는 것은 설레고도 형체를 알 수 없는 것들이 가득 찬 곳을 모험하는 일이다.

#2 하늘 위의 만찬
*기내식

승무원들은 비행기에서 무엇을 먹는지 궁금해하는 사람이 있다. 기내식은 승객용, 승무원용, 기장과 부기장용으로 나뉜다. 하지만 이는 상황에 따라 얼마든지 바뀌기도 한다.

기내식은 보통 비행시간에 따라 메뉴와 서비스가 다르다. 예를 들어 오전의 런던행 비행은 대략 7시간 정도 걸린다. 이때는 이륙 후에 콘티넨털 브렉퍼스트Continental Breakfast(보통 커피와 차, 버터와 잼을 바른 작은 빵으로 이뤄진 간단한 유럽식 아침 식사)를 제공하고, 두어 시간 뒤에 점심 식사 서비스를 제공해 랜딩 전에 마친다. 승객들은 기내에서 아침과 점심을 먹는다.

만일 13시간이 걸리는 뉴욕행 비행이라면 이륙 후와 랜딩 전 두 번의 식사와 그 사이 'As you like it(먹고 싶은대로 드세요)'라는 간식 서비스가 있다. 피자 한 조각이나 데운 샌드위치, 사과나 바나나와 같은 과일 등이 음료와 함께 제공된다.

승무원의 식사는 승객의 그것과 별반 다르지 않다. 간단한 샌드위치와 초콜릿, 채소 스틱, 과일 등의 스낵과 메인 코스의 식사, 디저트 등이 제공된다. 다만 승무원에겐 따로 정해진 식사 시간이 없다. 대부분 기내식 서비스 후 뒷정리를 마치고 식사를 시작한다. 대신 장거리 비행이나 매우 짧은 단거리 비행에서는 기내식 서비스 전에 미리 식사를 해결하는 경우도 있다. 기내식 서비스 시작과 동시에 전쟁터의 군인처럼 바쁘게 뛰어다녀야 하므로 미리 에너지를 섭취해 두는 것이다.

우리나라에서는 많은 사람들이 이용하지 않지만, 비행기 티켓을 예약할 때나 탑승 48시간 전까지 특별식을 주문할 수 있다. 특별식은 종교적인 이유로 소고기나 육류를 먹지 못하는 승객을 위한 힌두밀, 유대교인들을 위한 코셔밀 같은 종교식과 채식주의자를 위한 베지테리언밀, 과일식, 어린이 식사 등도 있다. 당뇨 등 건강상의 이유로 저지방, 저염식을 해야 하는 승객을 위한 치료식 역시 주문이 가능하다.

보통 기내식 메뉴는 닭고기, 양고기 혹은 소고기와 같은 육류나 생선요리가 많다. 돼지고기는 종교적인 이유로 못 먹는 사람도 많고, 상하기 쉬운 음식이라 기내식으로는 잘 쓰이지 않는다. 채식주의자나 종교적 신념을 가진 승객이 특정 기내식을 주문하는 것처럼 승무원 역시 메뉴 선정이 가능하다. 하지만 승무원을 위한 메뉴일지라도 때로는 승객에게 양보해야 하는 상황이 종종

베이비밀부터 디저트까지
기내식의 세계는 넓다

생긴다. 미처 특별식을 주문하지 못한 승객이 끝까지 자신의 것을 요구하거나, 주문하지도 않은 승객에게 특별식이 전달되는 상황이 왕왕 벌어지기 때문이다. 특히 힌두교이기 때문에 무조건 채식을 해야 한다고 말하는 인도인 승객이 많은 비행에선 캐빈은 비상상황이 된다. 결국 승무원이 먹어야 할 크루밀을 특별식 대신 조달하는데 그것만으로는 턱없이 부족할 때가 있다.

이럴 때면 어쩔 수 없이 비즈니스나 퍼스트 클래스에 SOS를 보낸다. 비즈니스나 퍼스트클래스에서 서비스하고 남은 식사를 이코노미로 보내줄 것을 요청하는 것이다(그러나 이마저도 언제나 보장되는 것은 아니다). 비단 베지테리언밀뿐 아니라, 어떤 날은 소고기와 닭고기 중 닭고기가 더 부족한 날이 있는가 하면 소고기가 더 부족한 날도 있다. 회사에선 각 노선의 기내식 성향을 조사해 비율을 맞춰 식사를 싣지만 승객의 취향에 따라 비행마다 모자라거나 남는 메뉴가 생긴다. 그러니 승무원의 식사는 기내 상황에 따라 승객에게 양보해야 하는 비상식량처럼 취급된다.

비행을 하며 새롭게 알게 된 것이 닭고기를 먹는 채식주의자다. 인도 승객들은 스스로를 채식주의자라고 하지만 치킨을 먹기도 한다. 그 수가 결코 적지 않아 우리 사이에선 '치킨 베지테리언'이라는 별명으로 불린다. 종교적인 이유로 소고기나 돼지고기를 먹지 않지만 치킨은 거부감 없이 먹는 사람들이다. 생각보다 많은 나라에서 소고기나 돼지고기를 먹지 않는데(종교적 이유뿐 아니라 더운 날씨에서는 쉽게 상하기 때문이 아닐까 하고 추측해 본다) 닭고기는 다르다. 전 세계 어느 민족과 종족을 막론하고 치킨은 거의 모든 국가의 메뉴에서 손쉽게 볼 수 있고, 실패할 확률도 적은 편이다. 채식주의자라며 우리 속을 썩이던 승객이 치킨이 있으면 달라고 할 때마다 웃어야 할지, 울어야 할지 난감하기도 하다. 다만 우리는 그들의 종교적 신념과 함께 식사 취향 역시 존중할 뿐이다.

일등석 승무원은 객실 서비스뿐만 아니라 조종실에 있는 기장과 부기장의 식사와 음료도 챙겨야 한다. 기장과 부기장의 메인 식사는 항상 서로 다른 음식이 준비되는데, 혹시 모를 식중독을 대비한 것이다. 두 사람이 같은 음식을 먹고 같은 문제로 조종이 불가능한 상황이 발생하지 않도록 미리 방지하기 위해서이다.

기장과 부기장의 입맛은 스테이크만 먹는 호주 기장, 다이어트를 위해 샐러드만 먹는 영국 기장, 커피는 꼭 마키아토만 마시는 이탈리안 부기장, 달콤한 디저트를 좋아하는 통가 부기장 등 다양한 국적만큼이나 다채롭다. 기장과 부기장은 기내에 실리는 거의 모든 음식을 먹을 수 있지만, 새우나 바닷가재 같은 갑각류, 조개와 같은 어패류 등의 해물요리는 규정상 먹을 수 없다. 상하기 쉽고 알레르기 유발 빈도도 높기 때문이다. 항공사의 첫 번째 목표는 안전 운행이고, 그 최선봉에 있는 사람이 기장과 부기장이므로 각별히 신경 쓴다.

익히 알려졌듯 기내식은 칼로리가 높은 편이다. 대부분 육류이고, 여기에 빵과 버터, 치즈와 케이크 등 디저트까지 더해져 오랜 시간 앉아 있는 것에 비해 꽤 많은 양의 칼로리를 섭취하게 된다. 그래서인지 비행을 오래 한 승무원일수록 육류 대신 생선이나 샐러드를 선호한다.

기내식과 관련해 반드시 지켜야 할 규정 중 하나가 비행기 착륙 전에 개봉된 음식을 모두 버리는 것이다. 초콜릿의 경우 가끔 지상근무 직원에게 주기도 하지만, 호주나 뉴질랜드 같이 식품 반입에 엄격한 나라에서는 꿈도 못 꿀 일이다. 호의를 베풀다 벌금을 물게 될 수도 있다.

한 번 오픈한 와인과 샴페인도 가차 없이 화장실행이다. 일등석에 서비스된 비싼 빈티지 와인과 샴페인은 승무원이 마실 수도 없는 노릇이라 입이 아닌 손이 호강하곤 한다. 샴페인에 브라운슈거를 섞어 훌륭한 스크럽제로 사용하거나, 승무원들의 시계를 모아서 샴페인을 가득 채운 잔에 담가놓곤 한다. 뽀글뽀글 올라오는 거품 속에 쇠나 먼지 등의 찌꺼기가 함께 섞여 나와 시곗줄이 깨끗해진다. 나 대신 샴페인에 취한 시계를 위안으로 삼는다.

많은 사람들이 유독 비행기에서 먹는 기내식을 남다르게 여기는데, 이는 아마도 음식의 맛보다 비행기라는 공간이 주는 분위기 때문일 것이다. 익숙한 곳을 떠나 미지의 어딘가로 향하는 사람이 가진 설렘은 음식의 맛을 더하는 양념 역할을 톡톡히 한다.

멀리 유럽이나 미국으로 여행을 다녀온 사람들은 시차로 인한 피로감을 겪어봤을 것이다. 밤에도 눈이 말똥말똥해서 한숨도 못 자다가 새벽녘에 겨우 눈을 붙였으나 곧 출근 준비를 해야 하는 괴로운 경험 말이다. 이런 날은 낮에도 집중이 어렵고 눈꺼풀은 한없이 무겁고 몸은 파김치처럼 축 늘어지는데, 문제는 이런 무기력함이 적어도 일주일은 지나야 다시 예전의 리듬을 찾는다는 것이다.

통상 1시간의 시차에 적응하는 데 하루가 걸린다고 한다. 그러니 5시간의 시차가 나는 두바이와 서울을 오가면 5일이, 9시간의 시차(서머타임이 아니라면)를 둔 런던에서 오면 무려 9일의 시간이 필요한 셈이다.

초보 승무원들이 저지르는 실수 중 하나가 비행기를 놓치는 것이다. 일주일 사이에 여러 나라의 국경을 넘나들다 보면 시차 적응하는 것은 차치하고 현지 시각도 헷갈리기 때문이다.

전 세계 표준 시간 GMT(Greenwich Mean Time)은 영국 런던의 그리니치 천문대의 시간이다. 이곳의 시간을 0으로 놓고 각 국가와 도시의 시간을 계산한다. 기준보다 동쪽에 위치하면 -로 현지보다 이른 시간을, 서쪽에 위치하면 +로 현지보다 늦은 시간을 뜻한다. 런던의 동쪽에 위치한 두바이는 GMT -4로 표시하는데, 이는 런던보다 4시간이 빠르다는 뜻이다.

비행 전 브리핑을 시작할 때 반드시 확인해야 할 것이 현지 시각이다. 누군가 "GMT +5입니다"라고 하면 런던보다 5시간이 늦다는 뜻이다. 이는 다시 말해 우리의 생활 기점인 두바이보다 무려 9시간이나 늦다는 뜻이기도 하다. 24시간 중 9시간이 늦으니 날짜가 하루 밀리는 경우도 있다.

상황이 이러하다 보니 일주일 사이 몇 곳의 나라를 돌아다니면 시간이 뒤죽박죽 엉킨다. 시차에 따른 날짜 계산을 제대로 못하거나, 그때그때 시계를 맞춰두지 않으면 잘못된 시간으로 생활하기도 한다.

친한 동기가 뉴욕 비행을 마치고 두바이로 돌아왔을 때의 일이다. 장거리 비행을 마친 터라 사흘의 데이 오프 Day off (비행 후 쉬는 날) 뒤에 다음 비행 스케줄이 잡혀 있었다. 긴 비행 탓인지, 시계를 제대로 맞춰두지 않은 탓인지 그녀는 날짜를 하루 늦게 계산해 집에서 밀린 빨래를 하고 있다가 비행을 놓쳐 본의 아니게 결근을 했다.

싱가포르 출신 동기도 멜버른에서 비슷한 일을 겪었다. 시차가 커 두바이와 정반대 시간인 멜버른에 도착한 그녀는 샤워만 겨우 하고 호텔 방에서 곤히 잠들었다. 그러다 몸을 뒤척였는데 자신도 모르게 눈이 떠졌다. 머리맡에 놓인 시계를 보니 픽업 시간(호텔에서 공항으로 출발하는 시간)이 얼마 남지 않은 상황이었다. 승무원이 묵는 호텔은 픽업 시간 1시간 전에 승무원에게 웨이크업 콜Wake-up call을 의무적으로 해주게 되어있는데, 피곤해 그조차 듣지 못하고 잠을 잤나 싶었다. 그녀는 자면서도 이상한 기운을 감지했고, 깨어보니 픽업 30분 전이었다며 하늘이 도운 것이라 여겼다. 초인적인 힘을 발휘해 대충 가방을 싸고, 급하게 화장을 하고 부랴부랴 호텔 로비로 내려왔다. 하지만 그곳엔 아무도 없었다. 그녀는 설마 자기만 두고 모두 출발한 게 아닐까 싶어 프런트 데스크의 직원에게 물었다.

"에미레이트 항공 승무원들은 모두 어디 갔죠?"

피곤한 기운이 역력한 호텔 직원은 시계를 가리키며 말했다.

"보세요. 지금 새벽 4시밖에 안 되었는걸요."

새벽 4시를 오후 4시로 착각한 웃지 못할 사건이었다.

내 비행에서도 비슷한 일이 있었다. 시드니에서 오클랜드로 가는 비행이 있던 날, 아무리 기다려도 동료인 타미가 호텔 로비에 내려오지 않았다. 버스 출발 시각이 지났음에도 나타나지 않자 사무장이 호텔 방으로 전화를 했다. 얼마 전 동료에게서 들

은 루머가 떠올랐다. 시드니 비행에서 크루가 로비에 내려오지 않아 방에 올라가 보니 침대 위에는 유니폼이 찢어져 있고, 승무원은 사라졌다는 이야기였다. 그(혹은 그녀)가 사라지기 전에 은행에서 엄청나게 많은 돈을 대출받고 사라졌다는 둥 무성한 뒷이야기가 돌아다니던 중이었다.

    타미는 그렇게 사라질 생각은 아니었는지 다행히 전화를 받았다. 문제는 그가 그 전화를 받고서야 일어났다는 것이다. 우리는 버스에서 초조하게 그를 기다렸다. 그가 늦을수록 버스 출발도 늦고, 버스 출발이 늦으면 공항에 늦게 도착하고, 자칫하면 비행에 차질이 생길 수도 있기 때문이다. 사무장은 기장에게 양해를 구했고 기장은 10분 안에 타미가 오지 않으면 예정대로 버스를 출발시키겠다고 했다. 다행히 타미는 그 전에 나타났고, 우리는 안도의 한숨을 쉬었다. 한 명의 공백이 발생하면 그 일은 고스란히 남은 크루들에게 넘겨질 테니까.

상기된 얼굴로 버스에 오른 타미는 늦어서 미안하다며 사과하고 자리에 앉았다. 버스는 무사히 출발했고, 비행기도 차질 없이 이륙했다. 사무장과 기장의 인내심 깊은 배려가 아니었으면 불가능했을 일이었다. 그들이 타미에게 시간을 준 것은 비행의 고단함을 누구보다 더 잘 이해하기 때문이다. 승무원에게 가장 중요한 자질 중 하나가 체력이라는 것은 일할수록 뼈저리게 느낀다. 비행 전에는 무리한 일을 하지 않고 적당한 운동과 수면으로 컨디션을 잘 조절해야 한다. 피곤하면 집중력이 떨어져 작은 일에도 짜증을 내게 되고 결과적으로 즐거운 비행이 어렵다.

크루들은 시차 적응을 위해 각자의 노하우를 발휘한다. 비행 후에는 절대 잠을 자지 않고 현지 시간에 맞춰 몸을 움직이거나, 자기 전에 소량의 알코올을 마시거나, 호텔에서도 꾸준히 운동을 한다. 나는 별다른 노하우 없이 잠을 많이 자는 편이다. 수면 부족으로 비행에 나서는 것만큼 힘든 일도 없으므로.

비행시간이 9시간 이상인 경우에는 승무원들이 잠을 자고 쉬는 곳인 CRC Crew Rest Compartment에서 잠을 잘 수 있다. 모든 기종의 비행기에 CRC가 있는 것은 아니며 그 위치도 조금씩 다르다. 보잉 기종에는 짐을 올려놓는 머리 위 선반 뒤쪽에, 에어버스는 객실 아래 카고와 맞닿은 곳에 있다. 어느 쪽이든 승객이 눈치채기는 쉽지 않다.

취침시간은 비행 앞뒤의 서비스 시간을 제외한 나머지 시간을 둘로 나누어 정한다. 크루들은 앞뒤로 번갈아 가며 휴식을 취한다. 쉬는 순서를 정하는 규칙은 따로 없지만 대개 두바이에서 비행을 나갈 경우에는 두 번째 휴식을 선호한다. 현지에서 놀 요량이거나 그곳에 가족이나 친구들이 있으면 최대한 나중에 잠을 자두어야 호텔에 도착해도 돌아다닐 기운이 있기 때문이다. 반대인 경우도 있다. 비행 출발시각이 늦은 밤이나 이른 새벽에는 첫 번째 휴식을 원한다. 비행 전에 잠을 설쳤거나 한숨도 못 자고 와서 그로기 상태인 경우가 많기 때문이다.

CRC에 가려면 다양한 준비물이 필요하다. 우선 유니폼이 아닌 회사에서 지급한 파자마로 갈아입는다. 이건 모두가 동일하게 따르는 규정이다. 유니폼을 입고 자면 불편하고 옷에 구김이 가기 때문이기도 하지만, 승객들이 일하는 승무원과 쉬는 승무원을 구분하지 못해 엉뚱한 승무원이 일하지 않도록 예방하려는 것이기도 하다. 기내와 마찬가지로 건조한 CRC 내부를 위한 젖은 수건이나 귀마개, 안대, 양말 등은 편안한 잠자리를 위한 필수품이다. 또한 사람들이 모두 자고 있는 CRC에서는 알람을 울릴 수 없으니 다른 크루들에게 깨워달라고 부탁해야 한다.

CRC 내부는 기차의 침대칸을 떠올리면 된다. 에어버스는 이층 침대가, 보잉 비행기는 단층 침대가 복도를 마주 보고 줄지어 있다. 한 사람이 누우면 딱 맞는 아늑한 공간이다. 하지만 등을 구부려 앉아야 할 정도로 낮은 천장에 사방이 막혀 있어 답답한 느낌이다. 그래도 머리만 대면 자는 체질 덕분에 기내에서 일하다 들어와 누우면 나도 모르게 스르르 잠이 든다.

많은 사람들이 우리의 화려한 모습 뒤에 감춰진 애환에 대해 알지 못한다. 쉼 없이 체력을 기르고, 명절이나 기념일일 수록 더 바쁘게 일하고 불규칙한 생활과 불면증까지 이겨내야 한다. 승무원이 적응해야 할 것은 시차만이 아니다. 하늘에 우아하게 떠 있기 위해 오늘도 우리는 러닝머신 위를 달린다.

#4 천사를 만난 적 있나요?
*구름 위의 인연

　가장 좋아하는 비행을 꼽으라면 단연 인천행이다. 사랑하는 사람들을 만날 수 있고, 집밥을 먹을 수 있다는 것이 가장 큰 이유지만, 유난히 인천 비행에서는 가슴 따뜻한 만남이 많았기 때문이기도 하다.
　지금은 A380이 대신하고 있지만 2007년 5월만 해도 A340-300의 비행기가 인천 비행을 담당했다. 에미레이트 항공이 보유하고 있는 보잉 777 시리즈에 비해 작은 규모의 비행기였지만, 그날도 만석이었다. 새벽 3시의 인천행 비행기가 이륙하자마자 우리는 잠을 청하는 승객들을 위해 최대한 빠르게 식사 서비스를 끝내고 불을 껐다. 사람들의 말소리로 가득했던 기내는 언제 그랬냐는 듯 조용한 숨소리로 채워졌다. 나 역시 한숨을 돌리고 서울에서 하루를 머물 동료들에게 여행 팁을 알려주며 식사를 마쳤다.
　차와 함께 디저트까지 맛있게 먹었으니 소화도 시키고 객실

모니터도 할 겸 기내를 한 바퀴 돌아보았다. 그때 한창 집으로 갈 꿈을 꾸고 있을 한국 승객들로 꽉 찬 이코노미에 내 시선을 사로잡는 한 사람이 있었다. 그녀는 내가 지나갈 때마다 생글생글 웃음을 짓더니, 반갑게 손도 흔들어 주었다. 대여섯 살 정도로 보이는 이국의 꼬마 아가씨였다. 옅은 갈색의 커다란 눈망울, 오뚝한 콧날, 옅은 색의 입술을 가진 아이는 밤 비행에 피곤할 법도 한데 혼자 깨어 있었다. 눈이 마주치자 살며시 웃는 그녀에게 마음을 홀딱 뺏겨버린 나는 어린이 승객을 위한 장난감과 음료수를 가져다주었다.

"피곤하지 않아? 이름이 뭐니?"

아이는 대답 대신 웃기만 했다.

"미리암."

옆자리에서 보고 있던 아저씨가 대신 대답해 주었다. 아버지인 모양이었다. 그제야 맞은편에 앉은 미리암 가족의 시선이 느껴졌다. 미리암은 아버지뿐 아니라 할아버지와 11살 큰 언니, 9살 오빠, 4살 남동생까지 온 가족이 함께 한국에 가는 길이었다. 내가 사연을 묻기도 전에 연신 웃기만 하던 미리암이 티셔츠를 올려 가슴에 난 큰 상처를 보여 주었다. 당황한 나는 상처 앞에서 의연한 척했다.

"미리암, 많이 아팠겠구나."

엄마를 잃은 미리암의 가족은 아버지와 할아버지가 아이들을 돌보며 지내는 중이라고 했다. 그런 미리암네 가족을 한국의 한 교회에서 초청했다. 미리암과 그녀의 남동생이 무료로 심장 수술을 받고, 언니와 오빠에게도 크고 작은 치료를 해주겠다는 것이었다. 아이들의 아버지는 나를 보며 대뜸 고맙다고 했다. 그저 같은 한국인이라는 이유로 고마움을 느끼는 그들에게 내가 더 해줄 수 있는 것이 없다는 사실이 안타까울 뿐이었다.

  나는 그들의 한국 여행에 조금이라도 더 추억을 더하고 싶어 기내에 있는 폴라로이드 사진기를 꺼내 들었다. 미리암 가족의 한국 여행이 시작되는 비행기에서의 순간을 사진으로 담아주었다. 가족 모두 환한 웃음으로 사진을 찍었다. 그들의 미소는 내가 본 것 중 가장 아름다웠다. 미리암과 동생의 수술이 무사히 끝났길, 그녀의 가족들이 새로운 행복을 찾길 바랐다.

그 후 몇 개월은 인천 비행이 없는 로스터를 받았다. 한국의 상쾌한 가을 햇살과 바람이 간절할 즈음인 10월, 마침내 인천 비행이 찍힌 로스터를 받았다. 5개월 만이었다. 인천 비행이 늘 그렇듯 만석이었지만 크게 어려울 것 없는 비행이었다. 식사 서비스를 마치고 쉴 무렵, 한 백인 아주머니가 속싸개로 싼 작은 아기를 가슴에 안고 갤리를 찾았다. 그녀는 아기의 분유를 탈 수 있게 뜨거운 물을 달라고 했다. 나는 젖병을 뜨거운 물에 깨끗이 씻은 뒤 물을 부어주었다.

"아기가 정말 예뻐요. 그리고 아주 작네요. 이렇게 작은 아기랑 긴 비행을 하다니, 힘드시겠어요."

이제 막 태어난 듯 너무 작은 아기에게 장시간 비행은 쉽지 않은 여정일 터였다. 나는 한국으로 향하는 두 사람의 사연이 궁금했다. 그도 그럴 것이 백인 아주머니의 품에 안긴 아기는 사랑스러운 초콜릿색이었다.

"엔젤이에요. 천사처럼 예쁘죠. 내 남편은 미군부대에서 일하는 군인이에요. 저도 미국에서 남편을 따라 한국에 온 지 오래되었고요. 엔젤은 아프리카에서 입양했어요. 이제 생후 8개월 됐지요."

그녀의 말에 나는 무척이나 놀랐다. 생후 8개월이라는 엔젤은 채 100일도 안 돼 보였다.

"8개월이나 되었다니, 아기가 많이 작네요."

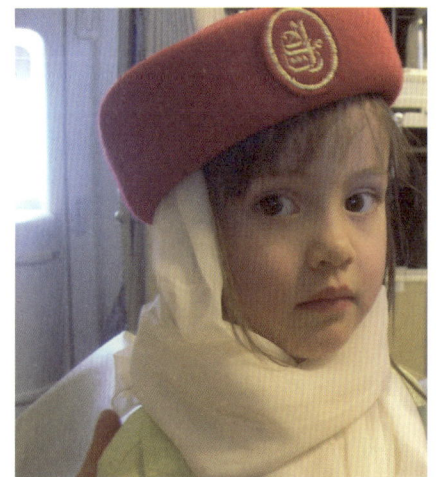

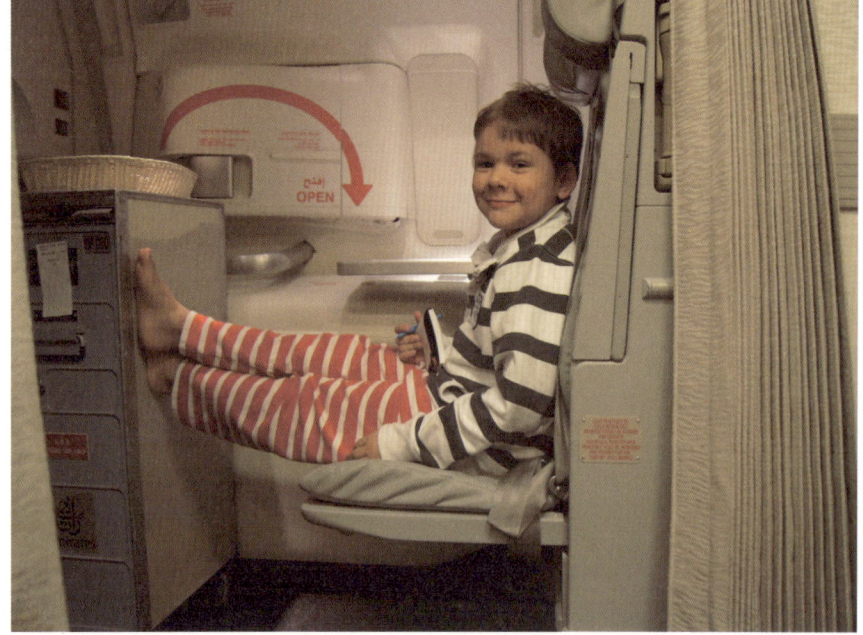

"엔젤은 태어나면서부터 뇌에 문제가 있어서, 얼마 전 수술을 받았어요. 두개골을 절개해야 하는 큰 수술이었지만, 엔젤은 잘 견뎌냈어요. 이렇게 나랑 같이 한국으로 가고 있잖아요."

어쩌면 평생 겪지 않을 수도 있는 일을 이 작은 아기는 세상에 나온 지 8개월이 되기도 전에 이겨내야 했다. 작은 숨을 헐떡거리며 엄마 품에 포근히 안겨 있는 아기는 생명력이 강했다.

"그래서 엔젤은 더욱 특별한 아이에요. 수술을 받아야 해서 입양이 조금 늦어지긴 했지만요. 예쁜 아인데 사람들은 건강하지 않은 아기의 입양은 꺼리죠."

사실 엔젤은 그녀의 첫 번째 입양아가 아니다. 그녀에게는 벌써 두 명의 한국 아들이 있다고 했다. 엔젤은 두 아들에 이어 아프리카까지 가서 데리고 온 딸이다. 미국인인 그녀가 자신과 피부색이 다른 아이를 입양하기에는 누구보다 큰 용기가 필요했을 것이다. 감탄의 눈빛으로 바라보는 내게 그녀는 멋쩍은 듯 그저 아이들을 사랑할 뿐이라고 했다. 그녀의 사랑은 내가 따라갈 수 없을 만큼 컸지만 닮고 싶은 것이기도 했다.

커다란 비행기에는 저마다의 사연을 가진 사람들이 있다. 그들을 보면 가슴 따뜻한 영화를 봤을 때와 같은 잔잔한 감동을 받는다. 이날 만난 그녀 역시 내게 미처 보지 못한 것에 눈 뜰 수 있는 따뜻한 마음과 용기를 가르쳐 주었다. 내가 비행을 사랑하는 이유다.

시민 혁명을 통해 근대화를 지나온 현대사회에서 '계급'이라는 것은 더는 존재하지 않는다고 배웠다. 그러나 정치적 계급은 몰라도, 경제적 계급은 여전히 존재하는 듯 보인다. 적어도 그 계급은 작은 비행기 안 좌석 등급에서는 분명히 있었다. 이코노미, 비즈니스, 퍼스트 클래스라는 계급을 나누는 명칭(Class)을 버젓이 사용한다. 더러 항공사마다 비즈니스를 프레스티지(Prestige)로, 이코노미를 트래블(Travel)로 바꿔 쓰기도 하지만 일등석, 이등석, 일반석으로 구별되는 불편한 진실이 비행기 안에서는 여전히 존재한다.

그래서인지, 비행기는 한 공간 안에서 가장 큰 빈부격차를 볼 수 있는 곳이기도 하다. 일등석의 가격은 비즈니스석의 2~3배나 되고, 비즈니스 석은 일반석의 2~3배나 한다. 슬라이딩 도어를 닫으면 완벽하게 개인의 프라이버시가 보장되는 일등석. 그 일등석 한 좌석이 차지하는 공간도 비행기 기종에 따라 일반석의 4~8배가 되기도 한다. 비행기는 그야말로 시장 경제 피라미드의 맨 꼭대기와 제일 낮은 부분을 한 곳에서 볼 수 있는 세계의 작은 축소판이다.

그 일등석에서 일을 시작한 첫날. 실수할지도 모른다는 걱정에 긴장까지 더해진 얼굴은 어색한 미소를 지어 보였다. 멀리 호주에서부터 두바이를 거쳐, 케냐로 사파리 투어를 떠난다는 노부부는 내 연봉의 절반을 거뜬히 넘는 돈을 비행기 값으로 낸 사람들이다. 그들에게 웰컴 드링크로 동 페리농 샴페인을 권했다. 하지만 생각이 너무 많았던 탓일까. 긴장한 나머지 스텝이 꼬여버렸다. 덕분에 샴페인 잔은 기내 어디론가 날아갔고 흐르는 샴페인에 당황한 나는 갤리로 뛰어들어가 타월을 들고 나왔다. 노부부는 어쩔 줄 몰라 하는 나를 보고는 온화한 웃음으로 괜찮다며 오히려 위로했다. 이후에도 소소한 실수들이 이어졌지만 그때마다 노부부는 비행기 안에서는 어쩔 수 없는 약자인 나를 배려해 너그러이 이해해주었다. 덕분에 일등석 신고식은 무사히 끝났다.

그렇게 일등석 일도 익숙해질 무렵, 이탈리아 밀라노로 가는 비행이었다. 자체발광으로 빛나는 외모, 검은 정장을 입은 모델 같은 자태의 젊은 남자 둘이 비행기를 향해 걸어오고 있었다. 문 앞에서 승객을 맞던 우리는 쉽게 보기 힘든 광경에 한껏 입꼬리를 올리며 밝게 웃으며 인사했다. 그러나 뒤이어 그들과 함께 들

어선 여자가 있었다. 그녀는 이름만 들으면 누구나 알법한 이탈리아 명품 브랜드의 디자이너였다. 아쉽게도 두 멋진 남성은 그녀의 보디가드였다. 그녀의 딸과 형제들, 그들의 가족들이 퍼스트와 비즈니스 클래스를 채웠다. 비즈니스석에 탄 승객들은 그들과 사진을 찍겠다고 서둘러 핸드백에서 카메라를 꺼내 들었다.

  잡지에서 막 나온듯한 디자이너는 딸과 함께 일등석에 앉았다. 딸은 작은 키에 깡마르다 못해 거죽만 남은 듯 흉측했다. 비행 전 특별식을 주문한 그녀들은 기내식은 못 먹는 음식이라는 듯 손도 대지 않았다. 그녀의 딸 역시 비행 내내 뜨거운 물만 몇 잔 홀짝였다. 그녀는 입속으로 무엇이 들어가기만 하면 화장실에 가서 속을 게워냈다. 섭식장애를 앓고 있는 것 같았다. 모델들 사이에서 자신을 비교해 가며 살아야 하는 스트레스를 생각하면 이해 못 할 일도 아니었지만, 한편으로는 안쓰럽기도 했다. 일등석에 앉아서 맛있는 음식도 음미하지 못하고 무슨 재미로 살까 싶은 생각이 들었다.

  영화〈맨 인 블랙〉에 나올 것 같은 멋진 두 보디가드도 음식을 멀리하기는 마찬가지였다. 6시간 내내 다이어트 콜라만 마시며 앉아 있다가(물론 선글라스를 낀 채로) 디자이너가 부르면 조르르 달려가 기내용 명품 트렁크를 열고, 파우치를 꺼내 물건을 대령했다. 승객 중 누구 하나 그녀에게 사진을 찍자고 묻는 사람이 없었는데, 무엇보다 그녀가 그러고 싶은 마음이 눈곱만큼도

없어 보였고 승무원을 포함한 누구라도 그녀 주변에 얼씬거리지 않도록 주의하라는 사무장의 당부도 있었다.

온 가족이 일등석을 타는 때도 있다. 그날은 하얀 눈으로 뒤덮인 아름다운 프라하로 가는 비행이었다. 오늘은 어떤 승객이 탈까 궁금한 마음으로 탑승 준비를 했다. 곧장 일등석으로 연결된 비행기 맨 앞, 첫 번째 문으로 6명의 가족이 탔다. 할머니 한 분과 젊은 부부, 그리고 그들의 네 살, 다섯 살, 일곱 살배기 아이들까지 한 가족이 오늘의 일등석 손님 전부였다.

오늘 비행은 꼬마 손님들 때문에 만만치 않겠다는 생각에 동료인 마르셀로도 동의했다. 역시나 비행기를 타자마자 일곱 살 꼬마 숙녀 소피아는 옅은 갈색 눈을 반짝이며 궁금한 것들을 물어보기 시작했다. 우리는 어린이 승객을 위한 작은 크기의 헤드셋과 장난감, 색칠공부 책을 가져다주었다. 그때마다 소피아는 예쁜 목소리로 "땡큐"를 외쳐대 우리의 인기를 독차지했다. 소피아의 똑 부러지는 매너가 예쁘기도 하고, 기특하기도 했기 때문이다. 그녀의 예의 바른 태도는 부모의 가정교육에서 나온 것이었다. 그녀의 부모는 행여 실수라도 하지 않을까 싶어 어린 세 자녀의 행동 하나하나를 예의주시하고 있었다.

탐욕스럽게 나온 배를 내밀고 오는 아랍 승객이 서너 명의 부인들을 대동하고 나선 날과는 대조적이다. 부인들의 아이들, 그리고 그 아이들의 보모까지 대식구가 일등석과 비즈니스석을 가득 메운 날은 참을 인忍 자를 백만 번쯤 세어야 비행이 끝난다. 승무원들을 보모인양 종 부리듯 대하는 예의범절이라곤 눈을 씻고 찾아봐도 볼 수 없는 아이들 때문이다. 비행기를 운동장 삼아 뛰어다니는 아이들, 그 아이들을 챙기느라 밥도 먹지 못하는 보모들. 아이의 엄마는 블링블링한 액세서리를 주렁주렁 차고도 기내 면세품을 고르느라 정신이 없다. 이런 날은 아이들을 제지하지 않고 내버려두는 부모들이 야속하기만 하다.

사람 사는 것이 천차만별이듯이 일등석 승객도 마찬가지다.

좋은 사람, 예민한 사람, 점잖은 사람, 재미있는 사람, 다시는 만나고 싶지 않은 사람. 하지만 대부분의 승객들은 특유의 여유와 온화한 성품으로 자신의 여행도 일등석처럼 만들어갔다. 나의 첫 일등석 비행의 실수를 웃어넘기며 긴장을 풀어준 노부부처럼 일등석 승객들을 대접하게 만드는 것은 그들의 지위나 돈이 아니라 그들의 태도에 있었다.

그들에게는 사람을 대하는 태도에 겸손함이 배어있다. 매너있게 남을 배려하는 모습, 항상 웃으며 양보하는 여유로운 모습은 꼭 닮고 싶은 성품이다. 물론 가끔 안하무인으로 억지를 부리는 승객들도 있다. 그 억지 때문에 대접받지 못하는 사람은 자기 자신이라는 것을 알지 못하는 걸까.

당신이 맨 앞좌석에 앉아 있느냐는 적어도 나에게는 중요하지 않다. 내 마음속 퍼스트 클래스 승객은 바로 당신의 태도로부터 결정된다.

*비행기 안에서

높은 고도로 날던 비행기가 랜딩을 위해 서서히 하강하는 시작점인 T.O.D(Top of Descent)는 보통 랜딩 30분 전으로, 비행에서 가장 중요한 시간이다. 총 비행시간 중 T.O.D 시간을 기준으로 서비스와 휴식시간을 정하기 때문이다.

T.O.D는 비행 중 가장 바쁜 시간이기도 하다. T.O.D 20분 전에 기장이 승무원에게 시간을 공지하는 순간부터 기내는 랜딩 준비로 분주해진다. 헤드셋과 담요를 수거할 준비를 하고, 갤리galley(비행기 안 부엌으로 모든 기내의 서비스 용품이나 식사 등의 음식이 이곳에 있다)를 정리한다.

T.O.D가 불과 30분도 남지 않은 시간, 막 서비스를 마치고 동료와 함께 간단한 티타임을 가졌다. 곧 랜딩 준비로 바빠질 것이기에 마지막 여유를 즐기던 참이었다. 그때 화장실 앞에서 순서를 기다리던 승객이 말했다.

"앞에 들어간 사람이 나오지 않아요. 시간이 꽤 지난 것 같은데…."

설마 하는 마음으로 화장실 문을 두드렸으나 인기척은 없었다. 문을 두드리는 손길이 점점 초조해졌다. 잠금쇠 부분을 살짝 들어 올려 안을 살펴보니 사람이 있는 것이 보였다. 내 힘으로는 도저히 문을 열 수 없어 동료에게 사무장 호출을 부탁했다. 마침 헤드셋을 걸고 있던 동료 살릴이 보였다. 인도에서 온 마음씨 착한 승무원이었다. 우리는 입사 후 교육에서, 비행마다 브리핑에서 들은 시나리오대로 행동했다. 우선 문을 뜯어내고 고꾸라진 승객을 꺼냈다. 살릴은 즉시 인공호흡을 시작했다.

연락을 받은 사무장과 부사무장이 뛰어왔다. 살릴이 인공호흡을 하는 사이, 사무장은 심폐소생을 위한 자동심장제세동기를 준비했다.

"혜은, 산소통을 준비해."

'산소통이…. 그래, 여기 있었지.' 산소통이 든 서랍을 열고 버클을 푸는데 부들부들 떨리는 내 손이 보였다. 가슴에 심장만 있는 것 마냥 마구 쿵쾅거렸다. 부사무장은 다른 동료들이 해야 할 일들을 짚어냈다. 웅성거리는 승객들을 진정시키고, 비행기의 하강이 시작되었으니 기내와 갤리를 점검하며 랜딩 준비를 지시했다.

유난히 바쁜 싱가포르 비행이었다. 유럽과 인도, 아프리카 등

지에서 온 승객들이 싱가포르를 거쳐 호주 브리즈번으로 가는 긴 비행의 일부이기도 했다. 이미 한두 차례의 비행기를 타고 온 승객들은 체력적으로도 정신적으로도 탈진하기 쉽다. 이 스케줄은 우리에게도 쉽지 않은 여정이었다.

비행 중 이미 몇 차례의 환자가 있었다. 참깨 알레르기가 있는 승객이 음식을 잘못 먹었는지 알레르기 반응을 일으키며 쓰러졌다. 사무장은 온몸이 딱딱하게 굳어 뒤틀린 그의 허벅지에 응급처치용 주사를 꽂았다. 기내 방송으로 의사를 찾고 난 뒤였다. 다행히 그날 승객 중 의사가 있었다. 조금이라도 늦었다면 끔찍한 상황을 경험해야 했을 터였다. 상태가 나아진 승객이 가쁜 호흡을 정리하는 모습을 보며 안도의 숨을 내쉬던 그때, 누군가가 사무장을 급하게 찾았다.

깜짝 놀란 사무장은 숨 고를 틈도 없이 승객이 누워 있는 갤리로 뛰어와야 했다. 사무장이 현장에 도착하니 한참 인공호흡을 하던 살릴이 탈진할 듯 가쁜 숨을 몰아쉬며 비켜났다. 승객은 100kg이 넘는 거구였다.

사무장은 화장실에 있던 기내용 면도기로 승객의 가슴 털을 밀기 시작했다. 곧이어 조금 전까지 함께 주삿바늘을 찔렀던 의사와 쓰러진 승객의 심장을 살리기 위한 전기충격을 시작했다. 어느덧 비행기는 목적지에 거의 다다랐다. 기장이 지상에 미리 연락해 두었으니 도착하면 의료진이 대기하고 있을 터였다. 조금만 더 버티면 된다.

갑자기 한쪽에서 흐느끼는 소리가 들렸다. 쓰러진 승객의 부인이었다. 처음엔 침착하게 자리를 지키던 그녀도 시간이 지연되면서 남편의 하얗던 얼굴이 푸른빛으로, 다시 보랏빛으로 바뀌는 모습을 본 것이다. 눈물을 흘린 사람은 그녀만이 아니었다. 이제 막 비행을 시작한 새내기 승무원 역시 함께 눈물 훔쳤다.

부부는 영국에 사는 딸의 집에서 크리스마스를 보내고 새해를 맞으러 집으로 돌아가는 길이었다. 런던에서 두바이를 거쳐 싱가포르, 다시 호주의 브리즈번으로 가는 긴 여정이었다. 당뇨

때문에 긴 비행이 부담되기도 했지만 그의 주치의는 문제 될 것이 없다고 했다. 그래서인지 안심하고 몇 차례 맥주를 주문하기도 했다.

이제 랜딩을 할 시간이다. 비행기 맨 뒤, 화장실 건너편에 나의 점프시트가 있다. 그리고 그 앞에 심장제세동기와 승객이 누워 있다. 그들에게 점프시트를 내준 나는 기내의 빈 좌석에 앉아 벨트를 맸다. 사무장과 부사무장은 한 손으로는 누워 있는 승객을 붙잡고 다른 손으로는 아무 곳이나 단단해 보이는 곳을 붙잡았다.

쿵, 소리와 함께 비행기는 무사히 땅으로 들어섰다. 비행기 문이 열리자마자 기내에 들어선 의료진이 쓰러진 승객을 싣고 나갔다. 그가 살았는지, 죽었는지 아무도 이야기해 주지 않았다. 승객들이 비행기에서 내린 지 1시간이 지났지만 우리는 여전히 비행기 안에 있었다. 경찰에게 승객을 발견한 시점, 초기대응과 조치 등 각자 본 것과 한 일에 대해 진술했다.

자정을 훌쩍 넘겨 호텔에 도착했다. 랜딩 시간은 9시였다. 각자의 방으로 올라가기 전, 우리는 작은 미팅룸에 모여 서로의 마음을 다독였다. 오늘은 힘든 밤이 될 것이다. 기장은 두바이로 돌아가고 싶은 사람은 주저하지 말고 이야기하라고 했지만 아무도 대답하지 않았다. 우리는 다 같이 남은 일정을 마무리하기로 했다.

잠이 오지 않았다. 승객의 얼굴이 계속 떠올랐다. 맥주를 달라던 얼굴, 차가운 바닥에 누워있던 얼굴, 처음 보았던 보랏빛의 얼굴…. 컴컴한 방안은 견딜 수가 없어 TV를 틀었다. 디스커버리 채널에서 1970년대에 발생한 비행기 사고에 관한 다큐멘터리를 하고 있었다. 절반이 잘려나가 살을 발라낸 생선마냥 뼈를 드러낸 비행기, 구조된 사람들의 증언, 사랑하는 이와 마지막으로 나눈 대화, 살아난 사람들의 슬픔이 차례로 등장했다.

그날 이후 한동안 비행기 사고를 당하는 꿈을 꾸었다. 교육받은 거의 모든 시나리오가 꿈에서 펼쳐졌다. 비행기는 물속으로 들어가기도 하고, 땅 위로 떨어지기도 했다. 불이 난 기내에 연기가 자욱하기도 했고, 산소마스크가 모두 떨어진 기내는 땅속 나무뿌리 밑 같기도 했다. 꿈에서 나는 소리조차 내지르지 못했다. 잠에서 깨면 머릿속도 몸처럼 무거웠다.

비행 중 예견하지 못한 상황을 맞이하면서 어느새 삶보다 죽음에 관해 더 많이 생각하게 되었다. 거의 그럴 일이 없다지만 단 한 번이라도, 비행기가 이대로 고꾸라지면 모든 것이 끝난다. 승무원이란 죽음의 가능성을 가까이에서 느끼는 것도 그리 어렵지 않았다. 그러다 보니 앞으로 무얼 해야 할지, 어떻게 살아야 할지 보다 오늘 내가 여기서 죽는다면 어떻게 될지를 더 많이 생각했다.

점프시트에 앉는 순간부터 온갖 상상이 머릿속을 뒤덮었다.

만약에 지금 이 비행기가 떨어지면 제일 슬퍼할 사람은? 가장 아쉬운 일은 무엇일까? 전화 한 통만 할 수 있다면 누구한테 하지? 무슨 말을 할까? 내가 아끼는 가방은, 카메라는 어떻게 되는 거지?

이런 생각에 빠져 있다가도 비행기가 굉음을 내며 땅에서 떠오르기 시작해 발밑의 풍경이 작아지면, 언제 그랬냐는 듯 벨트를 풀고 서비스를 시작했다. 언제든 이곳 기내에서 삶과 죽음이 갈리는 찰나의 순간을 맞이할 수 있다는 사실이 결코 반갑지만은 않지만, 그럼에도 일상은 계속된다.

#7 혼자 사는 즐거움
* 두바이 라이프

에미레이트 항공사는 아랍에미리트의 국영 항공회사로 두바이에 거점을 두고 있다. 따라서 승무원들의 베이스캠프 역시 두바이다. 때문에 1만여 명이 넘는 승무원 모두 두바이에서 생활해야 한다.

 모든 외국 국적의 항공사가 이러한 조항을 가진 것은 아니다. 한국인 승무원은 한국에서 생활하며 비행하도록 하는 외항사도 있다. 대신 이들은 서울과 그 항공사의 베이스만 비행하는 편이다. 에미레이트 항공처럼 자국에서 생활해야 하는 승무원은 항공사가 운항하는 모든 기항지의 비행에 나선다.

 고국을 떠나 산다는 것은 누군가에게는 너무도 외로운 일이고, 누군가에게는 새로운 일상에 대한 판타지가 펼쳐지는 일이다. 선택은 자신에게 달려 있지만 타향살이가 만만한 것은 아니다. 함께 비행한 동료들이 회사를 떠나는 가장 큰 이유는 두 가지였다. 비행이 싫거나, 두바이가 싫거나.

평생 꿈꾸던 승무원이 되었지만 막상 비행을 해보니 현실은 생각했던 것처럼 화려하고 즐겁지만은 않았다. 비행이란 하늘에서 서빙을 하는 것과 다름없고, 시차 때문에 여행도 쉽지만은 않다. 밤낮없이 돌아가는 비행일정 때문에 다크서클을 달고 산다. 호텔과 비행기, 두바이를 오가는 생활이 힘들어질 즈음 집으로 돌아갈 생각을 하게 된다.

회사를 떠나는 또 다른 이유는 두바이에서의 삶이 만족스럽지 못해서다. 아무리 개방적인 두바이라고 해도 중동 문화에는 이해하기 힘든 점이 있다. 예를 들면 난폭한 스피드광에 사기성 짙은 두바이의 택시기사들이 그렇다. 여자의 말은 절대 듣지 않으려는 경향이 강해 손님 대접은커녕 일부러 멀리 돌아가는 운전을 지적하면 금방 싸우려 든다. 워낙 다양한 인종과 국적의 사람들이 모여 사는 곳이라 너그럽게 이해하려 해도, 중동에서 여자로, 그것도 아시아 여자로 살아간다는 것은 결코 쉬운 일이 아니다. 이런저런 이유로 동료들이 하나둘씩 비행을 그만두고 고국으로 돌아갔다.

다행히 나는 비행도 두바이 생활도 만족스러웠다. 처음 두바이에 갔을 때 제공한 숙소는 침실 세 개와 거실, 부엌, 다용도실, 게스트룸이 딸린 커다란 집이었다. 함께 입사한 두 명의 동기가 룸메이트였다. 가운데 세 개의 수영장과 정원이 있는 3층의 새로 지은 이 아파트에는 이제 막 입사한 크루들이 들어와 함께 교육

받은 동기와 한 다리만 건너면 아는 동료들과 함께 지냈다.

　1층 사람들은 트레이닝을 모두 마치고 졸업 파티로 시끌벅적하다가 비행이 시작되니 마주치기도 힘들었다. 2층 사람들은 매일 치르는 시험 준비를 위해 집집마다 모여 숙제도 하고, 실습도 하며 밤을 새웠다. 아직 주인을 기다리는 빈집이 있는 3층 사람들은 곧 시작될 트레이닝을 준비했다.

　비슷한 시기에 입사해 교육을 받은 동료들 덕분에 아파트는 항상 시끌벅적했다. 비행 스케줄에 자주 만나지는 못하지만 밥

때가 되면 집집마다 전화를 돌려 친구들을 불러 모았다. 어느 집에서 밥을 지으면 각자 독일산 소시지, 한국에서 온 엄마표 김치, 이탈리아 치즈, 호주에서 사온 와인을 손에 들고 나타났다. 많을 때는 열댓 명이, 적을 때는 서너 명이 모여 안부와 비행 에피소드를 반찬 삼아 함께 식사를 했다.

그곳에서 나는 5년 동안 살았다. 그 사이 이웃한 동료들은 이사를 나가거나 들어왔고, 비행을 그만두고 고국으로 돌아가기도 했다. 모르는 얼굴이 늘면서 아파트의 풍경도 점차 변했다. 그즈음 회사는 4년 이상 비행 경력을 가진 퍼스트클래스 승무원에게 싱글 아파트를 제공했다. 나는 혼자 지낼 수 있는 싱글 아파트로 옮기기로 했다.

새로운 보금자리는 혼자 살기에 충분한 크기였다. 공항에서 멀지 않은 곳으로 거실의 넓은 베란다 창밖으로 근처의 맘자르 Mamzar 비치가 보인다. 넓은 거실과 아일랜드 식탁이 있는 부엌 옆에는 커다란 침실과 욕실이 있었다. 이제부터는 누구의 방해도 없이 오롯이 혼자였다. 룸메이트가 쌓아둔 설거지나 그들의 친구를 응대해야 하는 일로 방해받지 않을 자유가 주어졌다. 속옷을 입지 않고 돌아다니거나 혹은 아무것도 걸치고 다니지 않아도 되는 자유. 나만이 어지르고 손님을 초대할 수 있는 철저한 자유다.

적막한 공기를 가르기 위해 라디오를 틀고 요리하기, 나만을

낯선 바람을 따라 떠나다

위한 테이블보를 깔고 우아하게 와인을 곁들여 스테이크 먹기, 요가 매트 위에서 거울을 보며 요상한 자세로 몸에 붙은 군살 확인하기, 샤워 후 실오라기 하나 걸치지 않은 채 이불 속에 뛰어들기, 숟가락 하나도 쓸 수 없을 정도로 어질러보기, 커튼을 치고 끼니도 거르며 이틀을 꼬박 자기, 아주 크게 음악을 틀고 그보다 더 큰 소리로 노래 부르기(막춤과 함께), 옷장의 옷을 모두 꺼내 정리하기, 밤새 드라마 보기…. 이 외에도 혼자 살면서 꼭 해보고 싶은 것 101가지 정도는 더 생각해낼 수 있다.

문을 열고 집 안으로 들어갈 때 아무도 없다는 사실이 반가울 때가 있다. 외로움과 쓸쓸함도 당당하게 받아들이고 즐길 줄 아는 싱글 라이프를 만끽하고 있다는 뜻이다. 인생을 살면서 꼭 한 번은 아무도 모르는 나만의 행복을 위해 혼자 사는 즐거움을 경험해 보길…. 세상이 아닌 나에게로의 여행을 떠나는 것이다.

*승마수업

회사에서 제공한 싱글 아파트에 들어가면서 승마를 시작했다. 새로운 취미가 필요하기도 했고, 승마가 자세를 바르게 교정해 줄 뿐 아니라 허리에도 좋다는 동료 말이 나의 호기심을 자극했다. 오랜 비행 탓인지 어깨와 허리는 연례행사처럼 아팠다. 수소문 끝에 알게 된 승마장에 전화를 걸어 레슨을 예약했다. 무엇을 준비해야 하느냐는 질문에 그저 편안한 복장에 운동화면 된다고 했다.

첫 레슨 날 늦지 않게 도착하기 위해 택시를 예약했다. 인터넷에 올라온 주소를 보고 구글맵으로 위치를 확인했다. 혹여 택시 기사가 길을 못 찾고 헤맬 경우 얼굴에 들이댈 참이었다. 아닌 게 아니라 길을 헤맸다. 지도를 따라가도 승마장이 보이지 않았다. 핸드폰 GPS가 목적지라 가리키는 주변을 두어 바퀴 돈 후에야 겨우 대추야자 숲에 가려진 승마장을 찾아냈다. 나무 사이로 말을 타는 사람들이 보였다. 기사에게 한 시간 반 뒤에 다시 와 달라고 부탁하고 승마장으로 향했다.

선생님은 나에게 말을 타 본 적이 있느냐고 물었다. 승마를 배운 적은 없지만 여행을 다니면서 말이나 낙타를 여러 번 탔다고 대답했다. 종종 비행 후 호텔이 아닌 리조트에서 묵기도 했는데 승마장을 운영하는 곳에서는 아침이면 말을 타고 산책을 하곤 했으니 나름 말타기엔 자신이 있었다.

하지만 선생님은 승마는 지금까지 말을 타던 방법과는 완전히 다르다며 제대로 배우려면 안장 위에서 앉았다가 일어나는 것부터 연습해야 한다고 말했다. 우선 양팔을 옆으로 쭉 펴고 앉았다 일어서기를 반복했다. 그다음엔 팔을 가지런히 모은 뒤 다시 양팔을 허리춤에 올리고 다시 앉았다 일어서기의 반복. 몇 차례 하지도 않았는데 양쪽 허벅지 근육이 아파오고 등에서는 땀이 비 오듯이 흘렀다. 4월의 늦은 오후라 해도 30도를 오르내리는 두바이 날씨 탓에 입은 바짝 타들어갔다. 승마를 배우는 건지, 사막에서 지옥훈련을 하는 건지 모를 정도였다. 항복을 선언하려는 순간, 내 마음을 눈치챘는지 선생님이 말에서 내려오라는 신호를 보냈다. 시계를 보니 30분도 채 지나지 않았다.

겨우 살았다고 생각하는데 이번에는 말과 함께 연습장을 걸을 차례라며 등을 떠밀었다. 고삐를 잡고 모래바람을 일으키며 터덜터덜 걷는 나에게 선생님이 말했다.

"힘들지? 이 말은 너를 태우고 삼십 분을 달렸으니 얼마나 힘

들겠니? 말을 탈 때 가장 중요한 건 말과 소통하는 거야. 오늘 너 때문에 수고했다고 쓰다듬어주렴. 고맙다는 말도 잊지 말고."

 그랬다. 그저 내가 힘들다는 생각뿐 말의 입장은 미처 생각하지 못했다. 자전거를 타거나 러닝머신을 뛰거나 덤벨을 들어 올리는 것과는 달랐다. 처음으로 승마는 운동이 아니라 동물과의 교감이라는 생각이 들었다.

 말을 탈수록 그 생각은 더욱 확고해졌다. 내가 업다운하는 박자와 말이 뛰는 박자가 안 맞으면 어김없이 리듬은 깨졌고 엉덩이가 고생했다. 말에게 질질 끌려다니는 날도 있었다. 말과 쿵짝이 맞지 않는 날은 말도 고생, 나도 고생이다. 박자를 맞추려 다시 시작해도 말이 따라주지 않으면 불가능했다. 러닝머신의 입장을 생각하고 러닝머신의 기분에 맞춰가며 뛰어본 적이 있었던가. 승마는 절대로 스포츠가 아니다. 고도의 심리전이 더 맞겠다. 영화에서 마부나 기수가 왜 그리도 자신의 말을 아끼고 사랑했는지 조금은 알 것 같았다.

    말의 당일 컨디션에 따라 혹은 전 수업에 뛴 말의 휴식을 위해 탈 수 있는 말도 바뀌었기 때문에 레슨 때마다 다른 말을 탔다. 그렇게 선택된 말이 나와 순조롭게 교감하면서 박자를 맞추고 바람을 가르며 뛸 때는 기분이 짜릿했다.

    그즈음에 나는 비행을 그만두었고 오랫동안 말을 타지 못했다. 그러나 그날의 짜릿했던 기억은 오래도록 남았다. 기술보다 교감이 우선되는 승마의 본질이 비행과 조금은 닮았다는 생각이 든다. 단순히 승객과 승무원이 아닌, 사람 사이의 소통을 우선하고 그들의 여행에 작은 에피소드를 더해주고 싶다던 비행 초년의 다짐이 생각났다. 말에게 마지막 인사를 하던 날, 그동안 나는 얼마나 약속을 지켰나 생각해 보았다.

#9 그러니까 하쿠나 마타타!

*동료들

한동안 남자 친구와 싸우고 사이가 소원해진 시기가 있었다. 마음이 헛헛해서인지 웃는 얼굴로 손님들을 마주하기 힘들어 두어 달을 갤리에서 처박혀 일만 했다. 일등석의 L1은 객실을 돌보지 않는 대신, 승객과 조종실에서 일하는 기장과 부기장을 맡아보며 식사와 음료 등을 준비하는 역할이다. 그날도 어김없이 L1을 맡아 기장과 부기장에게 줄 커피와 밀크티를 들고 조종실을 찾았다. 나는 조종석 뒷자리에 앉아 말없이 음료를 건넸다. 남아프리카공화국 출신 기장 팀이 나를 한 번 힐끗 보더니 건조하게 물었다.

"How's the flight?"

비행을 할 때마다 기장들의 질문은 한결같았는데, 대체로 이름은 무엇이냐, 어느 나라에서 왔느냐, 비행한 지는 얼마나 되었느냐, 두바이에서는 어디에서 사느냐, 두바이는 살기 좋으냐, 비행은 앞으로 얼마나 할 생각이냐(대체로 경력이 많은 승무원들에게), 남자친구는 있느냐, 결혼은 했느냐 등 시시콜콜하지만 별달리 쓸모없는 신변잡기에 관한 것들이었다.

회사에서는 팀워크 향상과 비행기 테러나 하이재킹Hijacking(비행기 납치로, 이런 상황에서는 우리 팀 승무원들을 구별해 내는 게 중요하다) 같은 비상사태를 대비해 승무원들의 얼굴도 익힐 겸, 기장들이 심심해하거나 졸지 않도록 잠도 깨울 겸, 팀원들과 이야기를 나눌 것을 권한다. 일종의 시간 때우기 대화다.

"비행이야 늘 똑같죠. 오늘은 특별한 일이 없었으니까 다행이라고 해야 하나. 식사 서비스가 끝나서 승객들 대부분은 자고 있고, 우리도 조용해요. 지루하게 랜딩만 기다리고 있어요."

"음, 그렇군. 넌 비행한 지 얼마나 되었니? 요즘 두바이 생활은 어때?"

팀이 별생각 없이 내던졌을 질문에 갑자기 울컥했다. 억울함이나 서운함 혹은 뭔지 모를 설명하기 복잡한 감정들은 뜻밖의 상황에 별안간 툭 튀어나온다. 나도 모르게 긴 한숨이 나왔다. 예상치 못한 내 모습에 당황했는지 팀이 옆자리의 부기장 라쉬를 난감한 듯 쳐다봤다.

어디서부터 시작해야 할지 몰라 꾹꾹 눌려있던 이야기는 누군가가 툭 건드린 것만으로도 봇물처럼 터져 나왔다. 팀과 라쉬는 평소와 다름없이 승무원에게 가벼운 안부를 물었을 뿐이었겠지만, 내겐 끝없는 바닥으로 추락하는 것을 막아주는 구원의 손길처럼 느껴졌다. 나는 남자친구와의 갈등부터 시작해 즐거울 일이라곤 하나도 없는 내 일상, 갤리에만 처박혀 일하는 요즘의 심정까지 미주알고주알 털어놓았다. 고맙게도 팀과 라쉬는 자신에겐 별로 중요할 것 없는 내 이야기를 진지하게 들어주었다. 종종 질문과 함께 조언까지 해가면서.

어쩌면 뻔한, 그러나 내게는 심각한 연애사에 관한 고해성사를 마치고 갤리로 돌아왔다. 요하네스버그의 호텔에 도착하자 부기장 라쉬가 함께 저녁을 먹자고 했다. 혼자 호텔에 틀어박혀 울적한 기분으로 지낼까 걱정한 배려였다.

요하네스버그의 호텔은 근처의 바와 레스토랑이 즐비한 복합단지 안에 있었다. 아프리카라고 느껴지지 않을 만큼 세련된 건물과 유명 브랜드숍이 곳곳에 들어선 거리는 유럽의 어느 도시와 다를 바 없었다.

시계를 보니 저녁을 먹기에는 아직 이른 시간이었다. 따사롭게 내리쬐는 햇살을 차양으로 은은하게 가린 카페의 노천 테이블이 눈에 띄었다. 바람도 적당히 살랑거려 차분히 이야기를 나누기에 더없이 좋았다. 우리는 카페라테와 달콤한 메이플시럽이 올라간 팬케이크를 앞에 두고 두런두런 이야기를 나누었다. 달달한 것은 이런 이야기를 나눌 때, 위로가 된다.

결혼과 일, 사랑과 미래에 관한 나의 질문은 끊임없이 이어졌다. 샤자sharjah(두바이의 옆 도시로 UAE의 7개 토호국 중 하나) 출신의 부사무장 라쉬는 두 아이의 아빠로서, 한 여자의 남편으로서, 그리고 가장 좋은 동료로서 해 줄 수 있는 조언을 아낌없이 그러나 지나치지 않게 건넸다. 마지막으로 그는 멀리 가는 자식에게 아버지가 하듯, 축복과 같은 격려도 잊지 않았다.

"혜은, 너처럼 멋지고 사랑스러운 여자는 없을 거야. 걱정하지 마. 다 잘될 테니까. 여긴 아프리카니까 아프리카식으로, 하쿠나 마타타!(걱정 하지 마. 뭐든지 다 잘 될 거야!)"

아프리카의 주문이 내 삶에 걸리고 있었다.

하쿠나 마타타, 멋진 말이지.
하쿠나 마타타, 잠깐의 열광이 아니라네.
남은 인생을 걱정 없이 살란 말이네.
우리의 인생철학이지, 하쿠나 마타타.
'하쿠나 마타타'
우리의 신조야. 이 여섯 글자면 모든 게 해결돼!
하쿠나 마타타!

• 영화 〈라이온 킹〉 중에서

독일 여행을 할 때였다. 한참 시내구경을 하다 보니 비행시간이 가까워 온 줄도 모르고 돌아다니다 급하게 프랑크푸르트 공항으로 간 적이 있다. 기차를 타고 도착한 공항은 생각보다 크고 복잡해 나는 길을 잃어버렸다. 비행할 때는 몰랐었는데 여행자로 공항에 도착해 보니 제2터미널을 어떻게 가야 하는지 떠오르지 않고 머릿속이 새까매졌다.

비행기 출발 30분 전, 제2 터미널로 가는 공항 스카이라인에서 헤매다 마침 보이는 안내데스크의 공항 직원에게 길을 물었다. 다급해진 나는 시간이 많이 늦었는데 비행기를 탈 수 있을 것 같은지 물어보았다. 그는 좀 힘들 것 같다고 하면서도 혹시나 하는 마음으로 곧바로 나를 에미레이트 항공의 체크인 데스크로 데려다 주었다. 만약 비행기를 못 타면 자신이 있는 안내데스크로 다시 오라고 하면서.

나는 발이 아픈 줄도 모르고 체크인 데스크로 뛰어갔다. 비행기를 놓치면 안 된다는 생각에 어디서 힘이 났는지 가방을 들고 숨을 헐떡이며 그를 따라 뛰었다. 체크인 데스크에는 나 말고도 늦게 도착한 두어 명의 승객이 초조한 마음으로 체크인 수속을 기다리고 있었다. 그러나 지상직 직원의 대답은 절망적이었다. 이미 비행기가 푸시백Push Back(비행기가 활주로에 들어가게 하려고 후진을 할 수 없는 비행기를 견인 트랙터가 앞에서 밀어주는 것)을 준비하고 있어 탑승이 불가능하다는 것이다. 항공사 직원인 내가 비행기를 놓치다니, 얼굴이 화끈거렸다.

결국 다음 날 출발하는 비행기 티켓을 받고 발걸음을 돌려야 했다. 갑자기 급박했던 시간이 너무나 여유로워졌다. 계획에도 없던 하루라는 시간이 주어지니 딱히 할 일도 떠오르지 않았다. 고맙다는 인사라도 할 겸 나를 도와주었던 직원이 있는 안내데스크로 갔다. 그의 이름은 배리Barry였다. 헐레벌떡 뛰어다니느라 잊고 있었던 발가락에 통증이 느껴졌다. 신발을 벗어보니 발에는 피가 흥건했다. 배리는 나를 위해 구급상자를 열어 상처를 싸매주었다. 하루 종일 구경에 뛰어다니느라 지쳐있었던 나는 안내데스크에 앉아서 그와 이런저런 이야기를 나누며 놓쳐 버린 비행기를 잊기로 했다.

미국에서 온 배리의 꿈은 가수였다. 지금은 공항 안내데스크에서 아르바이트를 하고 있지만 자신의 본업은 밴드에서 노래와

랩을 하는 것이라 했다. 그는 내게 자기 노래를 들어보라면서 자신의 노래가 올라가 있는 웹사이트를 알려 주었다. 내가 두바이에 살고 있다고 하자, 그도 언젠가 기회가 되면 두바이에서 노래를 하고 싶다고 했다. 매일 지나쳐가는 공항 직원 중 하나인 줄만 알았던 그에게 노력해가는 꿈이 있다는 것을 알고 나니 달리 보였다.

홍콩에서 온 제임스도 그랬다. 내가 다닌 항공사는 팀으로 움직이는 게 아니라 비행 때마다 매번 다른 사람들과 일을 하게 된다. 그렇게 오며 가며 알게 된 동료 중 하나가 제임스였다. 비행 경력도 오래되어서 이미 부사무장을 하고 있던 그였다. 그러다 한번은 함께 말레이시아의 쿠알라룸푸르 비행을 하게 되었다. 제임스는 쿠알라룸푸르를 현지인이라 할 정도로 빠삭하게 알고 있었다. 비행이 끝난 후, 그는 나를 포함해 함께 비행한 동료들을 우르르 데리고 현지의 유명한 식당으로 야식을 먹으러 갔다.

오랜만에 함께 비행을 한 우리는 야식과 함께 두둑해진 배를 일상과 비행이야기로 쓸어내렸다. 곧 비행을 그만 둔다는 내 이야기에 대화는 앞으로의 계획으로 이어졌다. 그러다 그의 꿈이 파일럿이라는 사실을 알게 됐다. 목표를 위해 비행 중간중간 틈틈이 공부하고, 휴가 때에는 미국으로 건너가 비행시간을 채우는 꽤 빡빡한 생활을 하고 있었다. 아무리 남들보다 여유롭게 시간을 낼 수 있는 승무원이라지만, 일하면서 공부와 실습을 병행

낯선 바람을 따라 떠나다

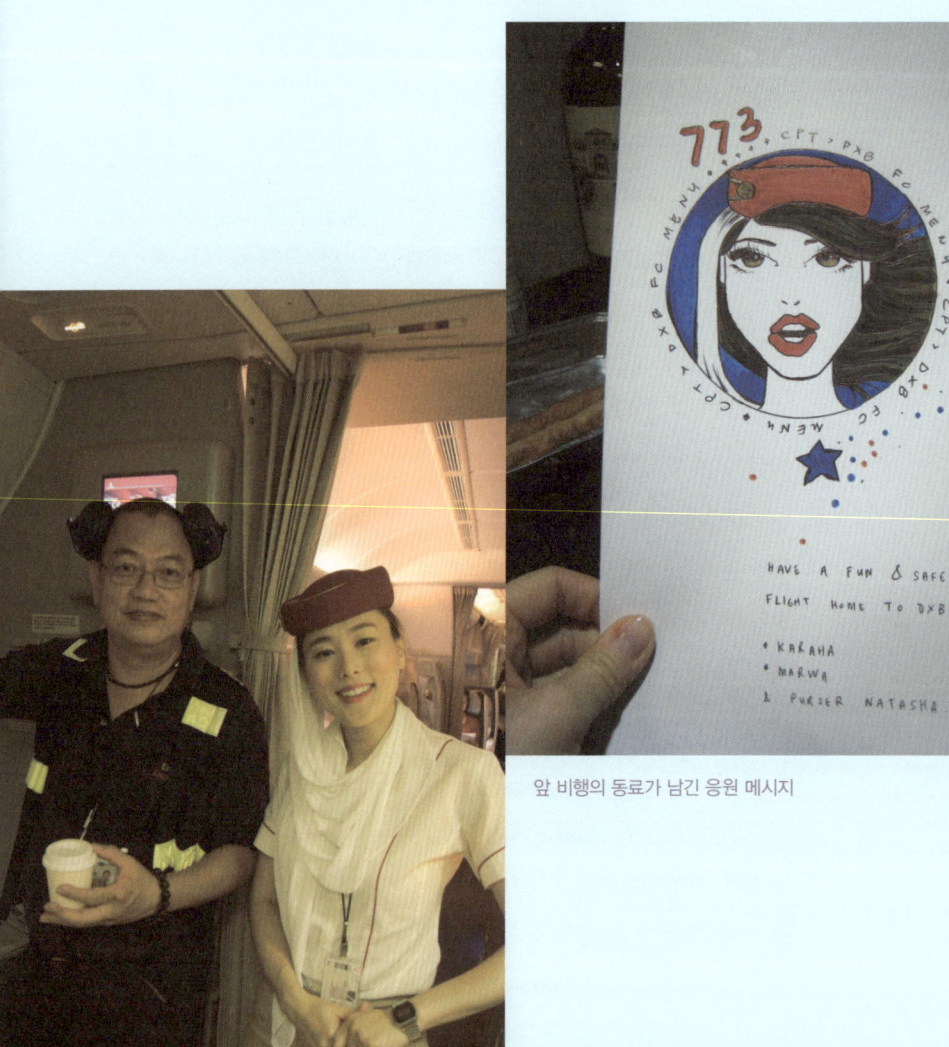

앞 비행의 동료가 남긴 응원 메시지

하는 것은 결코 쉬운 일이 아니다. 게다가 학비를 포함한 경제적인 부담 또한 만만치 않을 것이다.

비행기에 올라 탑승하는 승객들을 만날 때면, 공항에서 본 많은 풍경이 떠오른다. 자기 키만 한 커다란 악기 가방을 등에 메고 가는 청년, 아쉬움 속에 눈물의 포옹을 하는 가족들, 사랑하는 사람과 뜨거운 키스를 나누는 연인들, 두려움과 설렘이 뒤섞인 얼굴로 다짐을 적어 내려가는 사람들.

같은 곳을 가지만 다른 꿈을 향해 달려가는 이들 중에 내일의 멋진 예술가, 훌륭한 남편, 인류를 더 풍요롭게 해줄 정치가, 사람들을 치료해줄 의사가 있다는 사실은 300여 명의 승객을 하나하나 소중히 대하게 만든다. 비록 내가 그들의 인생 속에 스쳐 지나가는, 기억에 남지 않을 사람이라 하더라도 나는 그들에게 편안하고 추억에 남는 비행을 만들어주고 싶은 욕심이 생긴다.

얼마 전 서점에서 《당신의 꿈은 무엇입니까》라는 책을 보았다. 책은 내게 그동안 잊고 있었던 기억 속 배리와 제임스를 떠올리게 했다. 저자가 만난 경찰관, 청소부, 경비원, 배관공, 5살짜리 꼬마 모두는 각자만의 꿈을 가지고 있었다. 내가 만난 무수히 많은 사람들의 꿈은 무엇이었을까 문득 궁금해졌다. 분명 마음속에 품고 있었지만 한 번도 묻지 않았기에 알 수 없었던 꿈이다.

때로 꿈은 꿈꿀 수 없을 만큼 절망적인 사람에게는 사치일 만큼 잔인하기도 하다. 하지만 뭐 어떤가! 그것이 돈 한 푼 안 들이는 사치라면, 꿈꾸지 못할 이유는 없다. 설령 허황되고 이루어지지 못할 꿈이라 할지라도 말이다. 꿈은 이루어지면 좋은 것이고, 그렇지 못하다면 그야말로 진짜 꿈이 아닐까.

이어폰을 끼고 가는 무표정한 학생, 새벽부터 일어나 버스운전을 하시는 기사 아저씨, 부지런히 아침밥을 준비하시는 엄마, 그리고 지금 지상으로 내려와 글을 쓰고 있는 나. 우리가 품고 있는 꿈은 무엇일까. 각자의 꿈은 이루던 그렇지 못하던 삶을 조금은 가슴 떨리게 만들어 주는 것들이 아닐까 생각해본다.

오늘은 이루고 싶은 꿈들을 하나씩 적어봐야겠다.

Epilogue

조금은 두서없이 시작했습니다. 머릿속을 부유하는 이야기가 너무 많아 어디서부터 시작해야 할지 몰랐습니다. 그중에는 글이 되어 책으로 실린 것도, 아직 실체 없이 남겨져 있는 것도 있습니다.

처음 두바이로 떠나던 날도 그랬습니다. 세상에 대한 호기심과 궁금증이 어느새 낯선 중동 땅에서 살게 했습니다. 어느 것이든 정해진 것이 없다는 것은 삶의 축복인 것도 아닌 것도 같습니다.

이 책은 수많은 이야기 중 운 좋게 먼저 밖으로 나온 이야기입니다. 먼저 떠나고 싶은 이야기였을지도 모릅니다. 책을 쓰면서 그때의 세상을 떠나보낼 수 있겠다는 생각이 들었으니까요. 새로운 삶의 공간으로 떠나왔으니 이곳에서 만들어갈 이야기에 그 공간을 양보하려 합니다.

당신이 떠나고 싶은 세상은 어느 곳인지 모르겠습니다. 그곳을 위해 마음속 어딘가는 비워두는 것도 좋을 듯합니다. 그리고 언젠가 당신도 마음속 그곳으로 낯선 바람을 따라 떠날 수 있기를 바랍니다.

낯선 바람을 따라 떠나다

초판 1쇄 발행 2014년 6월 5일
초판 4쇄 발행 2017년 11월 1일

지은이 신혜은
발행인 이한우
총괄 김상훈 **기획관리** 안병현 **편집장** 김기운
기획편집 김혜영, 정혜림 **디자인** 이선미 **마케팅** 신대섭

발행처 주식회사 교보문고
등록 제406-2008-000090호(2008년 12월 5일)
주소 경기도 파주시 문발로 249
전화 대표전화 1544-1900 **주문** 02)3156-3681 **팩스** 0502)987-5725

ISBN 978-89-98886-79-0 03810
책값은 표지에 있습니다.

이 책의 내용에 대한 재사용은 저작권자와 교보문고의 서면 동의를 받아야만 가능합니다.
잘못된 책은 구입하신 곳에서 바꾸어 드립니다.